GAIAMANTIE

Die drei Räder der Harmonie

Maureen L. Belle

GAIAMANTIE

DIE DREI RÄDER DER HARMONIE

NEUE ERDE

Stellungnahme des Verlages: Warum wir an der »alten« Rechtschreibung festhalten

Wir halten die »neue« Rechtschreibung für eine Fehlgeburt, und das konnte auch gar nicht anders sein, weil der Ansatz der Reformer war, das Schreiben einfacher zu machen. Wir als Verlag veröffentlichen unsere Bücher aber für Sie, liebe Leserin/lieber Leser - Sie sollen es als Leser einfach haben. Das Lesen und das Verständnis ist bei vielen Regeln der »alten« Rechtschreibung einfacher und klarer. (Denken Sie nur einmal, daß nach der neuen Rechtschreibung, zwei Autoren kein Buch mehr zusammenschreiben können, es hieße dann immer, sie hätten es zusammen geschrieben, auch wenn sie es zusammengeschrieben haben.) Im übrigen sind die neuen Regeln nun auch nicht eben frei von Widersprüchen. Auf Wunsch senden wir Ihnen gerne ein ausführliches Info mit den wichtigsten Ungereimtheiten am »Neuschrieb«.

1 2 3 4 5 6 7 8 9 10 11 12 11 10 09 08 07 06 05 04 03 02 01 00

Das Buch erschien 1999 unter dem Titel:
GAIAMANCY – *Creating Harmonious Enviroments* bei
White Doe Productions, PO Box AB, Greenbank, WA 98253, USA

Aus dem amerikanischen Englisch von Jörg Wichmann
Lektorat: Andreas Lentz

Titelseite:
Foto: John Foxx Images
Gestaltung: Dragon Design, GB

Satz und Gestaltung:
Dragon Design, GB
Gesetzt aus der Goudy

Gesamtherstellung:
Legoprint, Lavis

Printed in Italy

ISBN 3-89060-031-X

NEUE ERDE Verlag GmbH
Rotenbergstr. 33 · D-66111 Saarbrücken
Deutschland · Planet Erde (»Love it, or leave it«)

Mit besonderem Dank an:

Elena, für den Schliff und den erzählerischen Stil, den sie in die Bearbeitung brachte;

Ellen, für ihren Einsatz und die elegante Vollendung des Buches und für die viele nächtliche Unterstützung, wenn ich glaubte, nicht mehr zu können;

Shaun Edward, für seinen wunderbaren Geist und seine Inspiration;

Denise Linn, für ihre Freundschaft, den Glauben, die Unterstützung und Mentorenschaft sowie für ihre kompromißlose Integrität;

Schwester Christine, »Cecil«, für ihre liebevolle Hilfe und Anleitung;

Ingrid, für alle Hilfe und Unterstützung;

allen Familienmitgliedern und Freunden, die mir während der Geburt des Buches beigestanden haben.

Dank auch an Trish, für das Buch über Feng Shui;

an die Lehrer, verkörperte und jenseitige, die ihre Wahrheiten so liebevoll weitergegeben und mir geholfen haben, mir meiner eigenen bewußt zu werden;

an alle Autoren, Schamanen und Medizinleute, frühere und heutige, die das Wissen vermittelt haben, Gaiamantie hervorzubringen.

Alle, die zu diesem Pfad beigetragen haben, seien hier im Geiste geehrt und genannt.

Dieses Buch ist »La Dottie« gewidmet,
die in ihrem unnachahmlichen Stil
unfehlbares Vertrauen in mich
und in ihren Abenteuergeist zeigte.

Inhalt

Einleitung

Wenn Sie Ihrer Begeisterung folgen, und damit meine ich das tiefe Gefühl der Gegenwärtigkeit und des Handelns aus dem Drang des eigenen Seins, wenn Sie dem folgen, dann werden sich Türen an Stellen öffnen, wo Sie gar keine Türen vermutet hätten; und wo es für andere auch keine Türen gibt.

Joseph Campbell

Als Einrichtungsberaterin biete ich meinen Kunden, die bauen oder renovieren, relativ giftarme Materialien und Anstriche an. Mein Ziel ist, dafür zu sorgen, daß die Umgebung, in der sie leben und arbeiten, so sicher ist, wie ich es ermöglichen kann. Aber »sichere« Gebäude sind nicht gut genug. Ohne Anmut, Harmonie und Gleichgewicht fehlt selbst den giftfreiesten Einrichtungen etwas – eine Tatsache, die ich von der Pike auf gelernt habe.

Als Zwölfjährige fing ich an, in der Baufirma meines Vaters zu arbeiten, und lernte dort die Bemessungen von Balken, Betonwänden und Holzkonstruktionen kennen und wurde mir instinktiv des Wesens von Gebäuden bewußt. Ja, ich wußte genau über die Konstruktion von Wohn-, Geschäfts- und Industriegebäuden Bescheid, bevor ich eine Gleichung lösen konnte. Mit zwanzig Jahren hatte ich schon geholfen, eine Wohnsiedlung zu entwerfen, die Materialien zu bestimmen und die Bauzeiten festzulegen. Dann fing ich an, eigenhändig Häuser zu bauen und Gebäude für mein eigenes Geschäft zu renovieren. Über kurz oder lang wurde mir klar, daß ich zwar das Wissen erworben hatte, jede Menge Bauprojekte zu verwirklichen, aber noch nicht entdeckt hatte, was ich nicht wußte.

Im Alter von 29 Jahren entschloß ich mich, von Grund auf ein Haus zu bauen. Ich stellte einen Zimmermann an, und wir ließen uns gemeinsam auf den mühsamen Prozeß ein, ein Gelände zu roden und die Grundfesten aufzubauen. Diesen Zugang empfehle ich allen Architekten, Ingenieuren und Designern. Damals erzog ich allein einen Sohn, führte einen Galerie-, Garn- und Geschenkeladen in einem alten Haus, das ich umgebaut hatte, und hielt abends Kurse in Spinnen und Weben. Und ich dachte mir: Hey, was macht schon ein weiteres Projekt, wenn man in den Zwanzigern ist.

Um die offenen Balken im Inneren zu versiegeln, verwendeten wir ein höchst giftiges Produkt, das in den USA jüngst verboten wurde, und auch Standard-Baumaterialien, Kleber und Lacke, von denen ich heute weiß, wie giftig sie sind. Ich vertraute den Produkten von Herstellern, die meine Interessen im Sinn zu haben schienen. Für mein Immunsystem war es jedoch zu viel: Ich holte mir eine giftbedingte Lungenentzündung und rutschte in ein chronisches Müdigkeitssyndrom. Erst später wurde mir klar, wie sehr mein Immunsystem bereits belastet gewesen war. Meine Besessenheit, eine »gute Arbeiterin« zu sein, wäre mir so fast zur Grabinschrift geworden!

Nachdem die chronische Müdigkeit eingesetzt hatte, wurde mir bald die Wahl klar: Entweder ich schlage einen geistigen Weg ein, oder ich sterbe. Natürlich wollte ich noch ein produktives Leben führen und sah die Arbeit als einen Ausdruck meiner Kreativität, aber nicht mehr um den Preis meiner körperlichen, emotionalen und geistigen Gesundheit. Schließlich mußte ich aber mein erfolgreiches Geschäft schließen, weil ich mehr als einmal an die Schwelle des Todes geraten war. Das Gute daran war, daß diese Erkrankung mich zu einem Wendepunkt meines Lebens und meiner Karriere führte.

Da mein Körper krank war, mußte ich lernen, geistig stark und gesammelt zu sein. Da ich lange schon Yoga gelernt hatte, fuhr ich mit dieser Praxis fort. Außerdem begann ich, bei einem vietnamesischen Meister die Kampfkunst Tae Kwon Do und T'ai Chi sowie Tanzen zu lernen. Dadurch wurden körperliche Kräfte freigesetzt, von denen ich zehren konnte. Als ich die *Chi*-Kräfte durch meinen Körper fließen spürte, dachte ich daran, ihre Wirkungen zu verstärken.

Ich weiß noch, daß ich auf alles um mich herum lauschte und achtete. Ich hörte die Stimme des Windgeistes. Farben wurden fast blendend hell. Ich sah sogar die Seelen der Menschen um ihren Körper leuchten. Ich war so letztlich zu der Weisheit zurückgekehrt, die ich als Kind gehabt hatte, als ich zu Tieren, Bäumen, Steinen und Elfen sprechen konnte. Bald strömten diese frühen Gespräche zu mir zurück, woraufhin ich anfing, in meinem Inneren mit allem zu reden. Ich entdeckte, daß meine imaginären Freunde aus der Kindheit *wirklich* waren wie auch der Schutzengel, der immer auf meinem Bett gesessen und mich getröstet hatte. In meinen Meditationen fand ich eine tief in mir wohnende Liebe aus dem Geist.

Zusätzlich zu diesen Übungen zog ich auch Kraft aus meinen Jugendjahren, in denen ich viel in der Wildnis gelebt und auf einem Hof Tiere gepflegt hatte. Beim Sammeln von Pflanzen zum Färben und Heilen in den Wäldern hatte ich gelernt, auf die Pflanzengeister zu achten. Bald waren mir meine nicht-menschlichen Nachbarn so vertraut wie Familie und Freunde. Ich konnte *fühlen*, wenn die Bäume ihre Bereitschaft mitteilten, uns mit ihren »Knochen« Schutz und Wärme zu bieten, und *hören*, wie gern sie das für uns taten, sofern wir ihre Angebote nicht ausnutzten.

Der Wendepunkt meiner Nahtoderfahrung öffnete mir deshalb ganz neue Welten. Ich entdeckte eine neue Seinsweise – und mit ihr auch eine neue Wahrnehmungsweise. Mir wurde bewußt, daß wir auf den Knochen unserer Vorfahren gehen und uns den Planeten mit vielen sanften Freunden teilen, die uns täglich beschenken. Ich sah auch, daß unsere Aufgabe darin besteht, diese Wesen zu nähren, zu pflegen und von ihnen zu lernen und dann weiterzugehen. Während wir die Bedingungen für diese Aufgabe zu erfüllen versuchen, verlieren wir das Gefühl, etwas davon zu besitzen. Wir werden zu Partnern unserer Betriebe, Häuser und Landschaften, werden zu ihren Hütern statt zu ihren Besitzern.

Während meiner Genesungsjahre und der sie begleitenden akademischen Ausbildung wurde mir die Harmonie und das Gleichgewicht der Umgebung mindestens ebenso wichtig wie ihre gesundheitliche Sicherheit. In jener Zeit war es auch, daß die Gaiamantie als eine lebensfördernde Herangehensweise zum Entwurf und zur Planung von Grundstücken und Gebäuden in meinem Kopf Gestalt annahm. Das Wort ist abgeleitet von *Gaia* in der Bedeutung »Geist und Leib der lebendigen Erde«

und *-mantie* im Sinne von »Wissen erhalten von«, so daß Gaiamantie soviel bedeutet wie »Wissen vom Geist und Leib der lebendigen Erde erlangen«. Den Unterschied dieses Konzeptes zur Geomantie würde ich darin sehen, daß die Gaiamantie, mit der Wurzel in *Gaia*, die Erde als ein bewußtes Wesen ansieht, welches eine Seele hat, wogegen *Geo* sich auf die Erde als eine Zusammenballung von Elementen bezieht, wie man sie sich üblicherweise in der Geometrie oder der Geologie vorstellt.

Gaiamantie bezieht ihr Wissen nicht nur aus den heiligen Erdwissenschaften, sondern hilft auch, Jahrhunderte von Sprachverwirrung zu klären. Sie umfaßt eine Vielfalt von divinatorischen Praktiken, die auf die Disziplinen zurückgehen, mit denen ich am meisten vertraut bin: *Feng Shui* – die chinesische Kunst der Anordnung im Raum, keltische und hawaiianische Anwendungen und *Vastu shastra*, das vedische System der heiligen Architektur. Auch das moderne Anliegen des Umweltschutzes findet seinen Platz in diesem Hologramm.

Die Entwicklung der Gaiamantie ist faszinierend. Die Grundlage wurde in meiner frühen Kindheit durch keltische und indianische Lehrer gelegt. Dann wurde sie im Anschluß an meine Studien der über fünftausend Jahre alten taoistischen Kunst des Feng Shui lebendig. Feng Shui beschäftigt sich mit dem Energiefluß in der natürlichen Welt. In meiner Arbeit mit architektonischen Entwürfen wurden die Prinzipien des Feng Shui durch das chinesische *bagua* dargestellt, eine Form der Divination, die auf der Verbundenheit aller beseelten und unbeseelten Dinge beruht. Moderne Quantenphysiker stellen diese wechselseitige Verbundenheit als die Zwischenräume zwischen den Quarks dar, welche die Quelle des Lebens bilden. Auf diese Weise kann die zeitgenössische westliche Physik, wie auch der alte östliche Taoismus, anerkennen, daß das Gewebe des Lebens aus der trächtigen »Leere« hervorgeht, daß es einen fortlaufenden Tanz zwischen Materie und Geist gibt und daß wir alle Teil von einander und von allem sind, was uns umgibt.

Im Laufe der Zeit erweiterte die Gaiamantie sich und umfaßt nun auch die keltische und indianische Sichtweise, von der ich herkomme. Diese Einflüsse wurden aus zwei Gründen in meine Praktik der Gaiamantie einbezogen. Erstens, weil sich einige meiner Klienten nicht mit dem chinesischen *bagua* identifizieren konnten und weil ich Modelle entwickeln wollte, mit denen auch sie arbeiten konnten. Und zweitens hat der Wissenserwerb aus diesen Quellen die Verbindung zu meinen Vorfahren gestärkt.

Zur keltischen Welt spüre ich eine unmittelbare Neigung, weil meine Familie mütterlicherseits überwiegend irisch war. Ich wuchs mit den Geschichten meiner Großmutter auf, die sie von der Reise ihrer Eltern von Irland nach Montana erzählte. Nachdem sie sich niedergelassen hatten, holten sie andere Familienmitglieder herüber und versorgten sie in ihrem großen Haus mit Essen, Kleidung und Unterkunft, bis die Neuankömmlinge Arbeit gefunden hatten und sich selbständig machen konnten. Ich hörte viele Geschichten über das Leid, das die Hungersnot nach dem Ausfall der Kartoffelernten gebracht hatte, und über die Trauer wegen des Verlustes ihrer geliebten Heimat. In meiner Sippe muß es ein oder zwei Druiden gegeben haben, denn ich bin seit meiner Kindheit hellsichtig.

Die Familie meines Vaters war sehr gemischt. Die Abstammung seiner Mutter war spanisch und von Apachen und Cherokee. Sie war eine *curandera*, eine geschickte Heilerin, die sich gut mit Heilkräutern auskannte. Sie hatte ihren Vater früh verloren und versorgte ihre Familie mit Hilfe ihrer Kräuterkenntnis. Der Vater meines Vaters stammte aus Turin in Norditalien. Er verließ als Teenager sein Heim, um die Welt kennenzulernen, und lehnte Ingenieurswesen und Mechanik ab, die in der Familie eine lange Tradition hatten. Er traf meine Großmutter bald, nachdem er in den südwestlichen USA angekommen war. Mir vererbte er wohl seine ausgeprägte Wander- und Abenteuerlust.

Sobald meine Gesundheit sich nämlich besserte, machte ich mich auf meine Suche. Ich belegte Architekturseminare in Rom (als Teil des fünfjährigen Studienganges der Innenarchitektur an der University of Oregon School of Architecture) und verbrachte viel Zeit in England, Belgien, Österreich, der Schweiz, Frankreich, Deutschland, Griechenland, Jugoslawien und Hawaii. Ich bereiste Mittelamerika, Südamerika und die Bahamas, um die artübergreifende Kommunikation mit Walen und Delphinen zu studieren. Überall fühlte ich mich von den eingeborenen Völkern angezogen und lernte eifrig von ihrer uralten Erdweisheit, die ich in meine Praktik der Gaiamantie zu integrieren versuchte. Während ich über ihr Land ging, lernte ich auch die Alten zu ehren, die die heiligen Formen entworfen und in unsere Zeit hinübergerettet hatten.

Je weiter ich reiste, um so mehr wuchs meine Überzeugung, daß die Erde nicht nur eine aus mineralischen, pflanzlichen und tierischen Elementen zusammengesetzte Kugel ist, sondern ein lebendes und atmendes Wesen! Auf jedem Kontinent hörte ich von einer alten Geschichte raunen: Vor langer Zeit, als wir Menschen auf diesen Planeten kamen, versprachen wir Gaia und ihren Stein- und Mineralvölkern, ihren grünen Völkern, den Vierbeinern und all den anderen, daß wir ihnen nichts antun und daß wir sie achten und lieben und von ihnen lernen würden. Gaiamantie wurde deshalb nicht nur als ein Weg der Heilung, des Gleichgewichts und der Harmonie entwickelt, sondern auch als ein *Weg, uns an unser Versprechen zu erinnern.*

Um sich an diesen Eid zu erinnern, der vor Tausenden von Jahren geleistet wurde – lange bevor die Menschheit in ihren tiefen Schlaf fiel –, muß man sich auf die Erde, auf Gaia, einlassen. Das Wissen unserer Verbundenheit mit ihr ist zwar vergessen, aber nicht verloren und bedarf nicht der Vermittlung durch eine Priesterschaft. Ich sage meinen Klienten: »Ich bin da, um Ihre Intention zu stärken. Ich vermittle. Sie haben mit Ihrer Umgebung zu tun.« Es ist auch nicht notwendig, nun einen Studienkurs zur Erlangung der Erdweisheit zu konzipieren. Unter großen Opfern haben die gesegneten Alten derartiges Wissen für uns bewahrt, damit es eröffnet wird, wenn die Zeit dafür bereit ist. Und nach der alten Geschichte, die ich überall auf der Welt habe raunen hören, *ist die Zeit jetzt reif.* Endlich können wir einst geheiligte Geheimnisse von anderen lernen. Anschließend können wir unsere eigenen einzigartigen Erkenntnisse hinzufügen und die Gabe weitergeben, bis sich ein Band des Lichtes um den Planeten spannt, das einen Menschen mit dem anderen verbindet.

Viele Menschen auf dieser Schildkröteninsel, wie Nordamerika in vielen heiligen Überlieferungen genannt wird, haben eine vielfältige und reichhaltige Abstammung. Wir sind das »Regenbogenvolk«. Als solche sind wir in der Lage, aus Weisheiten zu schöpfen, die alle Kontinente überspannen. Und genau das versucht dieses Buch zu leisten und dabei dieses Wissen vereinfacht genug darzustellen, um seine Heiligkeit zu erhalten.

Weniger zu tun, hieße diejenigen nicht zu würdigen, die es über die Jahrtausende bewahrt haben.

Der Zweck der *Gaiamantie* ist ein dreifacher: zu zeigen, wie ich mit den Grundsätzen der traditionellen Erdweisheit arbeite; Ihnen zu helfen, diese in Ihrer Wohnung und an Ihrem Arbeitsplatz anzuwenden; und Sie einzuladen, diese lebendige Ansammlung von Wissen zu ergänzen, indem Sie aus den erdinspirierten Erinnerungen schöpfen, die Ihr Wesen durchfluten. Um von diesen Anleitungen den größten Nutzen zu haben, sollten Sie die Deutungen des Energieflusses auf Ihren Wohnort beziehen und die Lösungen anwenden, die Sie am meisten ansprechen; und Sie sollten die acht »Übungen« , die über die Kapitel verteilt sind, in Ihren Alltag integrieren. Als weitere Hilfen finden Sie eine Liste der Aussprache von Fremdwörtern, ein Glossar und eine Auswahl von Büchern und anderen Quellen, Produkten, Schulen, Seminaren und Trainingsinstituten am Ende des Buches.

Sie nehmen Teil an einem großartigen Tanz mit Gaia. Ziehen Sie also Ihre Tanzschuhe an und bereiten Sie sich vor auf einen phantastischen Reigen, bei dem Sie Ihre Umgebung in Harmonie mit der lebendigen, liebevollen Umwelt neu gestalten.

Teil I

Die Energetik der Gaiamantie

Kapitel 1

Die Suche nach dem Heiligen Raum

Unsere tiefste Angst ist nicht, daß wir unzulänglich sind. Unsere tiefste Angst ist, daß wir über alle Maßen mächtig sind. Unser Licht, nicht unsere Dunkelheit fürchten wir. Wir fragen uns, wer bin ich denn, daß ich genial, herausragend, begabt und toll sein sollte? Aber wer sind Sie, dies alles nicht zu sein? Sie sind ein Kind Gottes. Daß Sie sich klein stellen, nützt der Welt nicht. ... Wenn wir unser Licht leuchten lassen, geben wir unbewußt anderen Menschen ein Signal, dies ebenfalls zu tun. Wenn wir uns von unseren Ängsten befreien, befreit unsere Anwesenheit automatisch auch andere.

Seine Heiligkeit der Dalai Lama

Wir sind schöne und mächtige Wesen, und wir finden unmittelbar unter unseren Füßen eine hilfreiche, liebevolle Freundin. Um in die Mitte unseres Lebens zurückzukehren, müssen wir die Heiligkeit des Bodens anerkennen, auf dem wir gehen. Mit dieser Rückkehr werden sich auch Harmonie, Gleichgewicht und Vitalität einstellen.

Es gibt keine Trennung zwischen der Erde und dem Geist; sie sind ein und das Gleiche. Unsere Vorstellung einer solchen

Trennung ist eine Illusion, eine Krankheit. In der abendländischen Kultur neigen wir zu der Auffassung, daß wir, um in geistige Harmonie zu kommen, die Erde verlassen müssen, entweder körperlich oder durch Gebet und Meditation. Welches Leid haben wir der Erde bereitet, indem wir an dieser Ideologie festgehalten haben! In unserem Zustand des ständigen Wollens und niemals Habens und des daraus folgenden Lebens in Angst und Enttäuschung, haben wir eine weitgehende Zerstörung des Planeten durch Gier und Herrschsucht hervorgerufen. Was vom Geist ist, ist von der Erde, und was von der Erde ist, ist vom Geist. Die *menschlichen Handlungen* sind es oft, die nicht vom Geist sind.

Die Botschaft, daß Gaia lebendig ist und daß es ihr nicht gut geht, soll nicht Schuldgefühle hervorrufen, sondern vielmehr die Tatsache unterstreichen, daß wir letztlich mit der Erde und mit einander eins sind. Und das Wesen dieser einfachen Wahrheit erschließt sich uns in der Auseinandersetzung mit diesem Konflikt und mit den Veränderungen, die unser Leben auf diesem Planeten bestimmen. Viele Jahre hindurch war meine Lebenserfahrung von Schmerz, Frustration, Verdrängung und Trennung geprägt. Wie das chinesische Wort *konji* sagt, das sowohl Krise als auch Gelegenheit bedeutet, war meine Lage alles andere als »schlechtes Karma« oder Pech. Vielmehr führte sie mich zu meinem Geburtsrecht, ein erfülltes Leben zu führen. Plötzlich begann ich das Heilige in meinem sogenannten weltlichen Alltag zu entdecken. Damit konnte ich auch die wechselseitige Verbundenheit von allem verstehen, die auch als das Tao hinter allem Alltagsleben bekannt ist, oder das *soyal*, die Verschmelzung, wie die Hopi sagen, die uns dieses heilige Wissen über Jahrhunderte bewahrt haben.

Solches Verbundensein lernen wir von Gaia. Wenn ich Dia-Vorträge durchführe, lasse ich die Zuhörenden auf Baumwipfel und in den Himmel blicken, um die menschliche Suche nach dem Heiligen zu verdeutlichen. Dann erinnere ich sie daran, daß der »Himmel« nicht der einzige Ort ist, wo Heiliges wohnt, sondern daß es auch auf der Erde seinen Platz hat – in allen von uns, menschlichen wie nichtmenschlichen Wesen, wie auch in unserem Verhalten zueinander. Ich erläutere weiter: Wenn wir die Heiligkeit von einem jeden Teil unseres Lebens wieder erkennen können, einschließlich unserer derzeit unbewußten Gewohnheiten, dann leben wir in diesem tiefen Zustand der Verbundenheit.

Vom Zähneputzen bis zum Anziehen, vom Frühstück bis zur Einschlaflektüre werden unsere Handlungen dann dieses Gefühl für das Heilige zum Ausdruck bringen, denn sie werden durch unseren Willen geleitet sein. Gewohnheiten, die vom bewußten Willen geleitet werden, werden zu Ritualen, und Rituale haben ein Eigenleben, das uns mit den Rhythmen der Erde verbindet. Die Entdeckung, daß unsere »Alltags«tätigkeiten heilig sind, stellt deshalb einen wesentlichen Schritt auf der Suche nach einem Gleichgewicht im Leben dar.

Betrachten wir zum Beispiel die Haushaltsarbeit. Ich genieße es sehr, im Haus »herumzuprötteln«, die Blumen zu gießen, Staub zu wischen, aufzuräumen und zu putzen. Diese kleinen, bescheidenen Handlungen werden, wenn man sie ohne Eile vollzieht, zu einem eigenen rituellen Tanz, der eine warme, intime Wechselbeziehung zur Welt um mich herum aufbaut. Dies bezeichne ich als eine »summende« Daseinsweise.

Einige meiner Freunde halten mich für verrückt, weil ich die Hausarbeit genieße, doch haben auch sie ihre Summrituale.

Ein Kind zu halten und zu schaukeln ist ein solches, oder die Gartenarbeit, besonders das Wühlen in der Erde, während man die wachsenden Pflanzen betrachtet, riecht und hört. Ob Sie nun das Haus putzen, Mais pflanzen, ein Kunstwerk schaffen, das Haar Ihres Kindes kämmen, am Strand spazierengehen, Steine oder Federn sammeln, dies alles ist letztlich der gleiche Weg.

Ich erinnere mich an eine mehrjährige Phase, in der ich mir nicht die Zeit für das Herumprötteln genommen hatte. Was war das für eine geschäftige, streßreiche und öde Zeit! Als ich dem »Laufrad« der Produktivität schließlich entkommen war, kehrte das Summen wieder.

Viele von uns entdecken ihre »Heimat« wieder auf diesem Planeten und bemerken dabei, daß der gesamte Planet ihre Heimat ist. Jahrhunderte lang sind die Menschen gelehrt worden, daß ihre Heimat im »Himmel« sei, im »Leben nach dem Tode«, wo sie mit sich und anderen in Frieden und glücklich würden leben können. Der Glaube, daß wir hier auf der Erde zu Hause sind, verbindet uns mehr miteinander. Wenn wir es lernen, unsere Heimat mit dem Makrokosmos des Planeten und dem Mikrokosmos unseres Körpers gleichzusetzen, dann entsteht ohne Kampf und mit verblüffend wenig Aufwand Harmonie. An diesem Punkt wird uns bewußt, daß wir uns im Geist und außerhalb des Ego befinden, in der Ganzheit und außerhalb der Entweder-Oder-Spaltung.

Der berühmte Mythologe Joseph Campbell sagte einmal in seiner Vorlesung am Sarah Lawrence College: Wenn Sie den Menschen helfen wollen, dann lehren Sie sie, hier auf diesem Planeten, in dieser Welt zu leben. Und der römische Philosoph Ovid schrieb von einer Zeit, als alle Menschen in Harmonie mit einander und mit der Natur lebten. Plato nannte dieses Zeitalter das des Kronos, als die Menschen in Harmonie mit den Geistern der Erde Fülle genossen. Das alles ist ein Teil unseres Erbes, der längst vergessen wurde und nun wieder »ausgegraben« wird.

Wir befinden uns in einem Prozeß, das menschliche Bewußtsein in einen Zustand zu bringen, in dem es nach Zusammenarbeit statt nach Konkurrenz strebt, in dem es die Vielfalt schätzt und die wechselseitige Verbundenheit aller Dinge achtet. Das bisherige Paradigma wirkte auf der Grundlage der Getrenntheit, der Grenzen, des Eigentums, du gegen mich, wir gegen die. Das neue Paradigma ist völlig anderer Natur und nicht nur das Gegenteil des alten: Wir lernen synchron mit unseren jeweiligen Rhythmen zu leben, einschließlich des planetaren Rhythmus, denn wir sind uns nun bewußt, Kinder der Erde zu sein und wissen, daß ihr Rhythmus auch der unsere ist.

Im Zuge dieser Wandlungen lernen wir, Umweltbedingungen zu schaffen, die die Wechsel der Jahreszeiten spiegeln und sich im selben Zeitmaß mit dem heiligen Atem der Erde befinden – Orte, die ebenso anregend und kräftigend wie auch friedlich sind. Wenn wir begreifen, daß wir auf Zellebene ständig mit unserer Umgebung in Verbindung stehen, können wir uns von ihr beleben und fördern lassen und dies umgekehrt ebenso tun. Wir fangen an, kleine Einblicke in die unendliche Vielfalt der feinen Wechselwirkungen zu gewinnen, die von Augenblick zu Augenblick geschehen. Dieses Phänomen können Sie besonders erleben, wenn Sie mit der Übung 1 (nächste Seite) arbeiten. Im nächsten Schritt sorgen wir dafür, daß wir uns eine Umgebung schaffen, die so weit im Gleichgewicht ist, um die hilfreiche und belebende Energie liefern zu können, die wir brauchen, wenn wir nicht nur überleben, sondern wachsen und gedeihen wollen.

Übung 1

Wurzeln in die Erde senden

Wenn Sie Ihre Verbindung zu Gaia spüren wollen, dann senden Sie Ihr Bewußtsein in die Erde. Es handelt sich um eine Übung, die ich von einer Medizinfrau und Heilerin gelernt habe, mit der ich in Kalifornien gut befreundet bin – Zweck dieser Übung ist, das Gebäude zu verlassen, in dem Sie sich gerade befinden, und sich mit der Erde zu verbinden, die es trägt.

❧ Setzen Sie sich bequem in einen Stuhl oder auf einen Teppich, am besten mit den bloßen Füßen auf dem Boden. Schließen Sie Ihre Augen und atmen Sie siebenmal ruhig und tief.

❧ Wenn Sie sich entspannt fühlen, stellen Sie sich Lichtbänder vor, die von Ihren Fußsohlen ausgehen und sich in die Erde darunter erstrecken. Stellen Sie sich vor, daß die Bänder wie Baumwurzeln durch den Teppich, das Holz und den Beton hinabreichen; hinab in den Erdboden; und durch den Fels, das Wasser und das Feuer hinunter bis in die Mitte der Erde.

❧ Suchen Sie sich, während die Bänder sich an den festen Kern der Erde annähern, einen Ort, sie zu befestigen. Binden Sie sie fest aber liebevoll und formen dabei Bögen, wenn Sie wollen. Folgen Sie dann langsam den Bändern wieder an die Oberfläche. Lassen Sie sich dabei Zeit, die Erde zu sehen, zu fühlen, zu hören, zu schmecken und zu berühren, während Sie sie durchdringen. Während Sie den Bändern in die äußerste Schicht der Erde folgen, werden Sie Hunderte noch undefinierter Sinne benutzen. Respektieren Sie sie, und Sie werden bald die Wärme und unendliche Liebe spüren, die Gaia für Sie bereithält.

Kapitel 2

Räder als Grundstrukturen

Nicht weil die Dinge schwierig sind, wagen wir nichts. Vielmehr sind sie schwierig, weil wir nichts wagen.

Seneca

Jeder Selbstausdruck Gaias kann grafisch in Form eines Rades oder Kreises ausgedrückt werden. Solche Informationen kann man auch in Form eines Quadrates anordnen, aber dann vermitteln sie kein so starkes Gefühl der Dauer oder Geschlossenheit. Wie die Kreisform des Rades für die Aufzeichnung astrologischer Daten benutzt wird und für den Entwurf heilender Mandalas, kann sie auch verwendet werden, um geomantische Einflüsse darzustellen und heilige Lebensräume im Einklang mit ihnen zu entwerfen.

Das Rad ist bei der Deutung der Kräfte, die einen Lebensraum beeinflussen, ein wichtiges Hilfsmittel. Es kann Prinzipien, die sich schwer formulieren lassen, sofort enträtseln und Zusammenhänge klären, die sich der Logik entziehen. Erst nach jahrelangem Ringen um eine Sprache für die Gaiamantie fand ich zu dieser Entdeckung. Bald nachdem ich das Rad als Struktur aufgegriffen hatte, fand ich zu meiner Freude heraus, daß es sowohl dem linearen Verstand wie auch dem schauenden Geist dient. Da das Feng Shui ein eigenes »Rad« besitzt, das Bagua, begann ich, für jede andere der heiligen Praktiken, die ich erlernt hatte, auch ein eigenes Rad zu entwerfen.

Ich zeichnete jedes dieser Räder auf Pauspapier und konnte sie so über den Grundriß von vielen maßstabsgerecht gezeichneten Gebäuden legen, von Siedlungen, Städten oder Staaten. Mit einem solchen Rad als Grundstruktur konnte ich den Energiefluß durch alle möglichen Orte erkennen und deuten. Je mehr ich mit diesen Rädern arbeitete, um so mehr stimmte ich mich auf die Beziehung zwischen Menschen und ihrer unmittelbaren Umgebung ein, zwischen dieser Umgebung und der weiteren Umwelt und zwischen den vielen subtilen und weniger subtilen Kräften, die an einem bestimmten Ort zusammenkommen. Mit Hilfe der Intuition und anderer geomantischer Mittel konnte ich daraufhin praktische Lösungen zur Verbesserung der Energiequalität in Häusern und an Arbeitsplätzen vorschlagen. Kurz, die Räder halfen mir zu sehen, wo Kraftfelder nicht im Gleichgewicht waren, und wie man die Harmonie zwischen ihnen wieder herstellen kann.

Die drei Räder

Die Arbeit mit diesen Rädern hat mich gelehrt, daß jedes praktisch seine eigene »Stimme« hat. Wenn Sie die vereinfachten Hintergrundinformationen und die ausführlicheren praktischen Anwendungen in den nächsten Kapiteln lesen, dann lauschen Sie diesen Stimmen tiefer nach und entscheiden Sie, welche Ihnen am vertrautesten klingt.

Das chinesische Bagua-Rad

Das Band aus Licht, welches vom chinesische Bagua-Rad inspirierte wurde, durchzieht fünftausend Jahre asiatischen Wissens. Ich lernte diese Grundstruktur (siehe Abb. 2-1) durch meine Studien des tibetischen Buddhismus, des I Ging, des Feng Shui und des Qi Gong kennen.

Abb. 2-1: Das chinesische Bagua-Rad.

Anfangs lernte ich, daß die Divination mit dem Bagua in Tibet mit einem Schildkrötenpanzer begonnen hatte, der als ein Wahrsagewerkzeug benutzt wurde, um eine Schicht der Zeit im Kosmos zu deuten. Zunächst wurde die Schildkröte rituell getötet, dann wurde der Panzer aufgebrochen und »gelesen«. Die Innenseite sollte die universellen Yin-Kräfte des Himmels spiegeln und die Außenseite die universellen Yang-Kräfte. In der alten chinesischen Kosmologie schrieb man diesen Doppelaspekten der Natur die folgenden Eigenschaften zu:

Yin	*Yang*
weiblich	männlich
dunkel	hell
weich	hart
aufsaugend	abwehrend
Mond	Sonne
negativ	positiv
intuitiv	linear
empfangend	bestimmend

In vielen Kulturen gilt die Schildkröte, und insbesondere die Meeresschildkröte, als eine wahrsagende Gestalt – vielleicht, weil sie zwei Welten, Land und Wasser, verbindet und sehr lange lebt, oft länger als hundert Jahre. In Hawaii wird die Schildkröte sehr verehrt und als *bonu* bezeichnet, was dem hawaiianischen Ausdruck für Erde *bonua* ähnelt. Der Panzer der

Abb. 2-2: Dreizehn Monde auf dem Schildkrötenpanzer.

bonu liefert ein Raster für die Navigation nach Sternen auf den langen polynesischen Seereisen, die zur Entdeckung von »Hawaii« führten.

Die Indianer bezeichnen Nordamerika als »Schildkröteninsel«. Und andere indianische Lehren beschreiben die Mutter Erde als eine Schildkröte, die mit der Erde auf ihrem Rücken durch das Weltall schwimmt. Man sagt, die Erdkruste berge – wie der Schildkrötenpanzer – ein Netzwerk aus Linien, die ein magnetisches Energiegewebe zeigen, das den Planeten umgibt und durchzieht.

Die hawaiianischen, indianischen und chinesischen Legenden setzen die dreizehn Segmente auf einem Schildkrötenrücken mit den dreizehn Monaten des Mondkalenders in Beziehung (siehe Abb. 2-2).

Ungefähr 3000 v. Chr. fand nach der chinesischen Überlieferung Fu Hsi, ein mythisches halb menschliches und halb schlangenartiges Wesen, acht Trigramme und eine Himmelskarte auf dem Rücken einer Meeresschildkröte. Wahrsager des Altertums schrieben dann auf der Grundlage dieser acht Trigramme und der daraus sich ergebenden 64 Hexagramme das *I Ching* (das »Buch der Wandlungen«). Jedes der Trigramme besteht aus einer Kombination von drei Linien, wobei die unterbrochenen für Yin stehen und die durchgezogenen für Yang. Der früheste Name des *I Ching* war *Chou I* (Wandlungen des Chou), ein Buch, das von einem chinesischen Stamm im Nordwesten während einer Wanderung nach Süden um 1325 v. Chr. zusammengestellt worden ist. Dieser Stamm brachte auch sein Schildkrötenorakel mit. Die 64 Hexagramme des *I Ching* werden bis heute benutzt.

In den letzten Jahren ist eine interessante Ähnlichkeit zwischen den 64 Hexagrammen und den 64 Kombinationen von Nukleinsäuren der menschlichen DNS bemerkt worden, von denen nur ein geringer Prozentsatz »angeschaltet« wird, um unser Potential zu aktivieren. Daraus folgt, daß, seit unser Harmoniegefühl durch Befragen des I Ching erweitert werden kann und seit sich gezeigt hat, daß die Molekülfäden der DNS sich unter harmonischen Bedingungen kräftigen, diese Wahrsagekunst die Fähigkeit hat, bislang noch unausgedrückte Aspekte unseres Wesens anzuregen.

Im Zuge meiner Studien lernte ich auch die drei Hauptschulen des Feng Shui kennen, die Formschule, die Kompaßschule und die tibetische Schwarzmützen-Schule, die alle auf dem I Ching beruhen. Die Formschule hat ihren Ursprung in Kuang-shi, in Südwestchina, wo ein Gelehrter des 9. Jahrhunderts namens Yang Yun-sung eine Sammlung von Praktiken der Bevölkerung aufzeichnete, die auf Ch'i beruhen, der allgegenwärtigen kosmischen Kraft, die sich wie Wind und Wasser bewegt. Die Kompaßschule entwickelte sich in Nordchina und schrieb dem Fluß des Ch'i Richtungen und Eigenschaften zu.

Beide Schulen wenden die Astrologie und einen ausgefeilten Geomanten-Kompaß an, der als *lo pan* bekannt ist, eine in mehrere Ringe eingeteilte flache Scheibe, in deren Mitte sich eine magnetische Nadel befindet. Der innere Ring trägt die acht Trigramme des I Ching, und die etwa zwanzig äußeren Ringe enthalten Informationen über die acht Richtungen, die Tierkreiszeichen, die Planetenbewegungen, den chinesischen Kalender und vieles andere. Einige *lo pan* sind ins Englische übersetzt worden und können über das Quellenverzeichnis am Ende des Buches bestellt werden.

Der Ansatz der tibetischen Schwarzmützen ist eher eklektisch und verbindet Elemente des tibetischen tantrischen Buddhismus mit dem Bön und chinesischen Volkspraktiken wie auch Aspekten des Konfuzianismus, des Taoismus und des traditionellen Feng Shui. Der von dieser Schule einbezogene Blickwinkel des Taoismus hat Menschen aus dem Westen besonders angezogen. Die Schwarzmützen-Sekte setzt zum Beispiel das unterste Trigramm des Bagua-Rades an die Eingangstür einer Behausung, statt es mit dem magnetischen Nordpol zu verbinden (wie es gewöhnlich geschieht), was in unserer Zeit, in der kaum ein Haus mehr nach den Himmelsrichtungen angelegt wird, eine sinnvolle Regel ist. Die Praktik der Gaiamantie beruht auf dieser Stellung des Bagua-Rades.

Schließlich wurde meine Verwendung des Bagua-Rades in der Gaiamantie durch drei gleichzeitige Ereignisse angestoßen. Beim Studium der Innenarchitektur an der Universität der Oregon School of Architecture, belegte ich bei einem chinesischen Meister Seminare in Qi Gong und erhielt dort ein Buch über Feng Shui. Diese gleichzeitigen Einflüsse erschlossen mir die Verbindung zwischen dem Einfluß der Lebenskraft Ch'i auf Gebäude und ihrer Wirkung auf den menschlichen Körper.

Das Ch'i wird häufig als der kosmische Atem bezeichnet und ist eine Kraft, die eher fühlbar als sichtbar ist. Je nach ihrem Fluß kann sie entweder sanft und unterstützend oder wild und herausfordernd sein, sogar überwältigend. Wege zum Beispiel, die einen langen linearen Fluß des Ch'i zulassen, können zu Katastrophen führen, wie es sich bei unseren geraden, engen Straßen und Wasserwegen zeigt. Solche Anlagen lassen die kosmische Energie zu schnell hindurchfließen. So wie geradlinige Wasserwege dazu neigen, die umgebende Landschaft zu überfluten, entziehen lineare Straßen die Lebenskräfte. Die Kunst des Feng Shui (Wind und Wasser) wurde entwickelt, um derartige Schäden abzuwenden.

Unsere Vorfahren wußten, daß Wind und Wasser sowohl die Kraft des Lebens wie auch des Todes in sich tragen. Darüber hinaus wußten sie, daß solche Kräfte dem Lebens am ehesten förderlich sind, wenn Ch'i, der göttliche Atem, ein sanftes Ebben und Fluten der unsichtbaren Energie erzeugt. Mir wurde diese Weisheit der Alten bewußt, als ich alte Städte besuchte und beobachtete, daß die frühen Siedler sich am liebsten an luftigen Stellen in der Nähe von Quellen, Flüssen, Seen oder dem Meer niederließen. Solche Entscheidungen wurden zum Teil durch praktische Erwägungen wie Bewässerung oder Transportwege motiviert. Und doch spielten auch die Ebbe und Flut der unsichtbaren Energie eine wichtige Rolle dabei. Wissenschaftler konnten seither zeigen, daß sich bewegendes Wasser negativ geladene Ionen erzeugt, die sowohl heilen als auch den Körper kräftigen können.

Das indianische Medizinrad

Als ich das erste Mal mit dem indianischen Medizinrad arbeitete, erlebte ich ein so unmittelbares Gefühl von Wiedererkennen, daß es mich zur weiteren Erforschung dieses Zugangs zum Wissen anregte. Der nordamerikanische Kontinent war ursprünglich von mehr als fünfhundert eingeborenen Völkern bewohnt, von denen einige ihr je eigenes Medizinrad hatten: einen Steinkreis, um die Zeit zu bestimmen, den Jahreszeiten zu folgen und spirituelle Praktiken durchzuführen. Obwohl die Zuordnung von Farben, Elementen, Tier- und Pflanzengeistern zu den Teilen des Rades bei den Stämmen unterschiedlich war, enthielt doch jede dieser Varianten die gleichen vier Himmelsrichtungen und oft die gleichen vier Farben (rot, weiß, schwarz und gelb), die für die menschlichen Rassen stehen und damit eine uralte Stimmigkeit solcher Glaubenssysteme erweisen.

Das Medizinrad, das ich als Grundstruktur entworfen habe (s. Abb. 2-3), ist eine Zusammenstellung aus Kreisen, durch die viele indianische Völker gegangen sind. Ihre Ältesten haben versichert, daß es richtig und respektvoll im Einklang mit den Überlieferungen der Vorfahren aufgebaut ist. Wie Sie im vierten Kapitel sehen werden, hat dieses Rad mehrere Ebenen und ist aus gutem Grund holografisch. Ebenso wie die chinesischen Hexagramme des I Ching unsere DNS widerspiegeln, dreht das makrokosmische Medizinrad die auf ihm Reisenden in die mikrokosmische DNS (s. Abb. 2-4). Diejenigen, die durch einen solchen Kreis gegangen sind, berichten, daß er eine

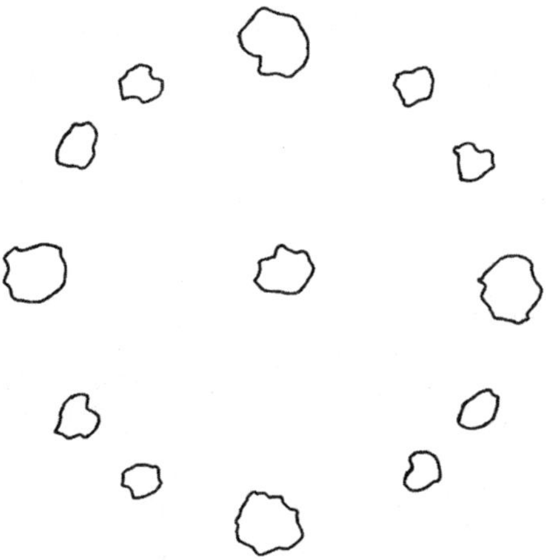

Abb. 2-3: Das indianische Medizinrad.

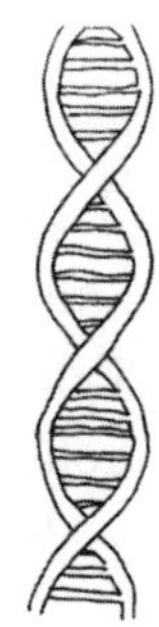

Abb. 2-4: DNS-Spirale.

»Erinnerung« an ihr körperliches Dasein enthält, wobei jede Runde eine lang vergrabene Erinnerung erweckt und mit ihr eine tiefe Form des »Wissens«.

Das indianische Medizinrad kann auch ein Bewußtsein der heiligen Geometrie unseres physischen, emotionalen, mentalen und geistigen Körpers wecken und dabei unsere wahre Schönheit enthüllen. Indem wir dieses Rad des Lebens durchschreiten, sind wir in der Lage, Rat zu finden, den wir auf die Anlage und den Entwurf der Gebäude anwenden können, in denen wir leben und arbeiten, wie auch auf unser Leben als Ganzes.

Das keltische Rad

Ich habe das keltische Rad geschaffen, nachdem ich mich mit meinen Vorfahren beraten und die Jahreszeiten der Kelten studiert hatte. Inspirierend war für mich auch der 1897 in Frankreich gefundene Coligny-Kalender, der am 31. Oktober mit Samhain beginnt, dem keltischen Neujahrsfest, und jeden Monat mit dem Vollmond anfängt. In diese Struktur (siehe Abb. 2-5) ist deshalb auch eine Würdigung der Mondphasen eingebaut. Außerdem sind Bäume und Tiere eingebaut, die im Leben der frühen Kelten eine gewichtige Rolle spielten.

Das keltische Rad ist formal auf eine der ältesten Gestaltungen keltischer Kunst aufgebaut, nämlich die Spirale, die entweder als einzelne Spirale (s. Abb. 2-6), als Doppelspirale (s. Abb. 2-7) oder als Labyrinth (s. Abb. 2-8) dargestellt wurde. In ganz Europa findet man sie auf Kunstwerken und Schnitzereien ebenso wie auf Kleidung und Schmuck. Die Spirale steht für den Weg in »die Mitte« oder den Pfad zum Geist. Labyrinthe findet man in Irland häufig; und ich entwarf dieses labyrinthische Rad erst, nachdem ich dort eines durchlaufen hatte.

Abb. 2-5: Das keltische Rad.

Andere typische Komponenten für die Grundstruktur des keltischen Rades sind heilige Gegenstände wie etwa der Kessel (s. Abb. 2-9), das alte keltische Symbol der Nahrung, der Wärme, des Wissens, der Erfüllung und der Wahrsagekunst. Derartige Kessel enthielten vorzugsweise einen Schatz wie einen Goldtopf oder einen magischen Trank.

Viele, die mit der asiatischen oder indianischen Sichtweise nicht vertraut sind, werden durch dieses keltische Rad stark angesprochen; und diese Grundstruktur hat sich für Menschen europäischer Abstammung als ausgesprochen transformativ erwiesen.

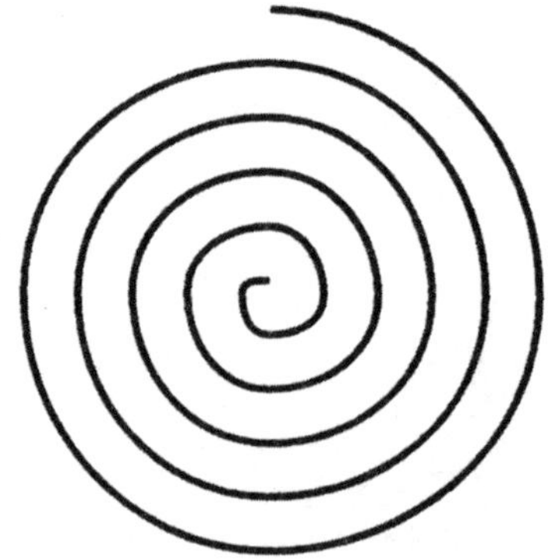

Abb. 2-6: Einfache Spirale.

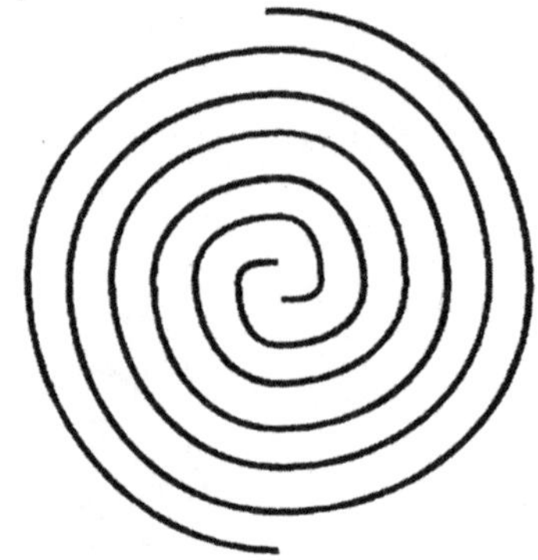

Abb. 2-7: Doppelspirale.

Abb. 2-8: Traditionelles Labyrinth.

Abb. 2-9: Kessel.

Die Arbeit mit den Rädern

Vielleicht haben Sie, nachdem Sie nun die Herkunft und den Schwerpunkt der drei Haupträder der Gaiamantie kennengelernt haben, sich schon für eines entschieden, das mit Ihrer Lebenshaltung am meisten übereinstimmt. Wenn das so ist, dann werden Sie dieses wahrscheinlich als Grundlage benutzen wollen, um Ihre Wohnung und Ihren Arbeitsplatz zu bewerten und ins Gleichgewicht zu bringen. Falls nicht, nur Mut – die folgenden drei Kapitel werden Ihnen helfen, Ihre Umgebung auf jede der drei Weisen zu untersuchen, von denen eine gewiß einen Funken der Vertrautheit in Ihnen entzünden wird.

Auf jeden Fall werden Sie in der Besprechung ein beschriftetes Diagramm des jeweiligen Rades finden. Übertragen Sie dieses Diagramm auf Pauspapier, fügen die Beschriftung hinzu; und Sie erhalten so eine Kopie des Rades, die Sie als Grundstruktur über einen Plan oder Grundriß legen können. Verkleinern Sie als nächstes diesen Grundriß auf den Maßstab der Grundstruktur und ziehen Sie einen Kreis oder ein Oval um die äußeren Punkte herum. (Falls Sie die genaue Form des Grundstückes, auf dem Ihr Haus oder Büro steht, nicht kennen, fragen Sie den Architekten oder Grundbesitzer nach einer Kopie des Grundrisses. Auch die Gemeinde- oder Stadtverwaltung kann solche Pläne zur Verfügung stellen.) Dann übertragen Sie die Skizze des Rades auf den Plan, den Sie danach bewerten wollen.

Denken Sie bei der praktischen Arbeit mit den Plänen daran, daß das Rad flexibel ist. Es kann »gestreckt« werden, so daß es auf die Form eines beliebigen Grundstückes oder Gebäudes paßt, wie die Illustrationen zeigen.

Und denken Sie daran, daß die Grundstruktur auch helfen kann, kleinere Räume, wie etwa ein Zimmer oder eine Schreibtischoberfläche, in ein Gleichgewicht zu bringen. Legen Sie einfach die Grundstruktur eines der Räder über eine Zeichnung des betreffenden Objektes, wobei Sie die Grundseite des Rades mit der Eingangstür oder der Vorderseite des Arbeitsplatzes (da, wo Sie sitzen) übereinanderlegen. Und verlassen Sie nie Ihr Haus ohne diesen Plan; falten Sie ihn und stecken ihn in Ihre

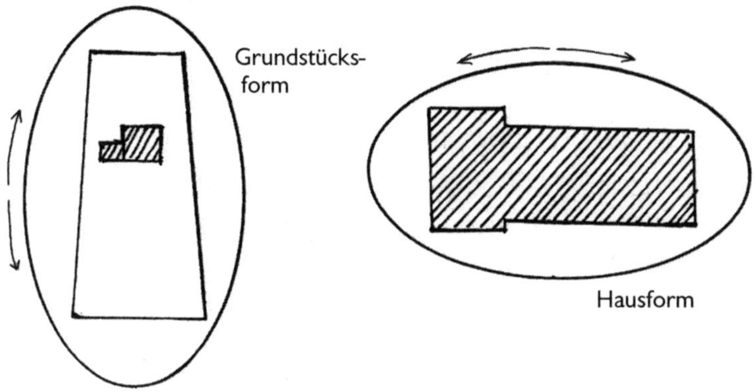

Abb. 2-1: »Gestrecktes« Rad.

Reisetasche. Einen Papierkorb zu verstellen oder bestimmte Gegenstände an strategische Orte zu legen, kann ein statisches oder chaotisches Hotelzimmer in einen geschützten, ausgeglichenen und geweihten Platz verwandeln.

Ob Sie Ihre Umgebung nun mit dem Bagua-Rad, dem Medizinrad, dem keltischen Rad oder allen dreien verbinden, die Wirkung wird immer tiefgreifend sein. Denn sehr bald werden Sie das heilige Leben leben und es wird Sie leben.

Lassen Sie uns nun nacheinander durch die Räder schreiten ...

Kapitel 3

Das chinesische Bagua-Rad

Ein guter Reisender hat keine festen Pläne und ist nicht erpicht darauf anzukommen.

Lao-Tse (570 - 490 v. Chr.)

Das Bagua-Rad baut auf den acht Trigrammen des I Ching auf und enthält auch die alte chinesische Anordnung der Elemente, Farben, Himmelsrichtungen und die mit diesen Phänomenen assoziierten Lebensaspekte.

Besondere Kennzeichen

Die Elemente umfassen – außer Erde, Luft, Feuer und Wasser, aus denen die Abendländer das Universum zusammengesetzt sehen – noch Metall und Holz. Im alten China wurde Metall als das Zusammentreffen alter und neuer Seinsformen angesehen, die mit den universellen Ordnungsprinzipien übereinstimmen, während Holz als fähig galt, neues Wachstum zu fördern und Herausforderungen in Angriff zu nehmen. Das Luftelement wurde als Ch'i bezeichnet, als der die gesamte Schöpfung durchziehende kosmische Atem. Deshalb taucht die Luft auf dem in Abbildung 3-1 gezeigten Rad nicht auf. Sie verbindet sich jedoch mit anderen Elementen, um so spürbare Phänomene wie etwa das Wetter hervorzubringen:

Ch'i + Feuer = Hitze
Ch'i + Metall = günstige Bedingungen
Ch'i + Erde = Wind
Ch'i + Wasser = Kälte
Ch'i + Holz = Regen

Die Richtungen und Farben dieses Rades sind in der chinesischen Astronomie und Astrologie verwurzelt, welche die vier Hauptrichtungen vier großen Konstellationen zugeteilt sieht: dem roten Vogel (oder Phönix) des Südens, dem weißen Tiger des Westens, der schwarzen Schildkröte des Nordens und dem grünen Drachen des Ostens. In China und überall auf der Nordhalbkugel öffnet sich auf der Grundlage dieser Kosmologie der ideale Ort nach Süden, wo die Gaben der Sonne den Lebensraum durchdringen. Die Richtungen sind folgendermaßen gekennzeichnet:

Süden – Feuer, Mittag, Wachheit, Sommer, Yang
Osten – Metall, Morgendämmerung, Erwachen, Frühling, Yang
Norden – Wasser, Mitternacht, Schlaf, Winter, Yin
Westen – Holz, Abend, verlangsamte Zeit, Herbst, Yin
Mitte – Erde, Tag und Nacht, Zeitlosigkeit, Yin und Yang

Die Farben spielen eine entscheidende Rolle in der Deutung des Bagua, weil jede Schattierung eine eigene Schwingung und einen Ton aussendet. Mit den sechs echten Farben des Buddhismus werden folgende Eigenschaften assoziiert:

weiß – Metall/Alchemie, Anfänge, Mond, Trauer, Lunge
rot – Feuer, Hochzeit, Freude, Yang, Herz
gelb – Hoffnung, Wachstum, Frühling, Holz, Leber

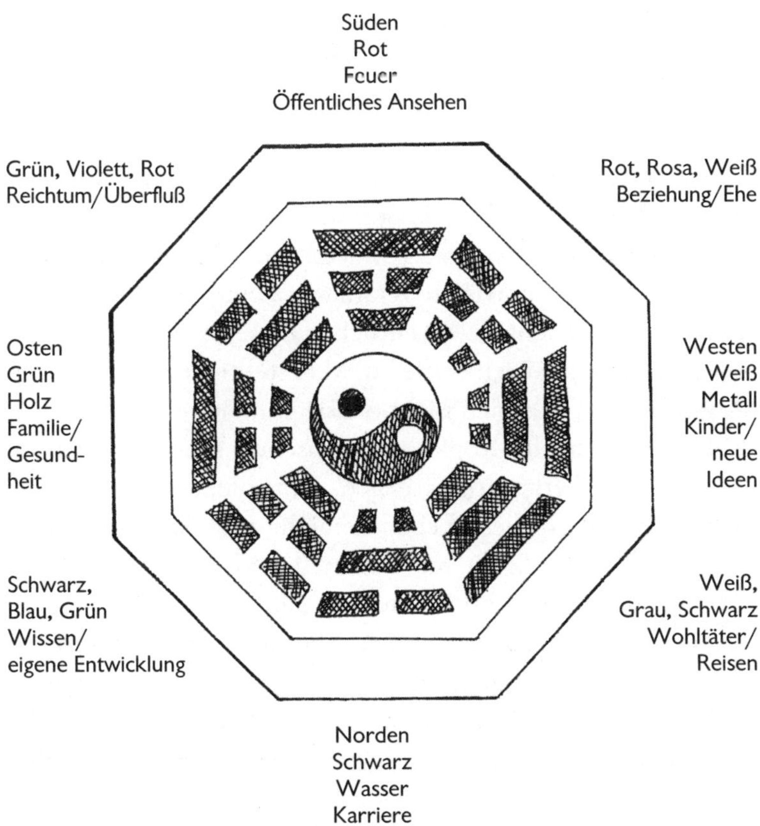

Abb. 3-1: Das chinesische Bagua-Rad.

blau/indigo – Himmel, Trauer
schwarz – eine Kombination aller Farben, Ende, Yin, Nieren

Das hier dargestellte Bagua-Rad enthält drei zusätzliche Farben, die in der traditionellen chinesischen Medizin mit folgenden Eigenschaften belegt werden:

violett/pflaume – Achtung, großes Glück
rosa – Freude, sanfte und reine Gefühle, romantische Liebe
grau – Vereinigung der Gegensätze

Die Facetten des Lebens, die jedem der Segmente des Bagua entsprechen, haben ihren Ursprung in der Volksüberlieferung, die gesammelt wurde, als Feng Shui entstand. Die alten Chinesen waren weise und praktisch veranlagte Leute. Sie wußten, daß die Menschen leicht die wesentlichen Aspekte des persönlichen Daseins aus den Augen verlieren. Man stellte sich vor, daß diese Anteile, wenn man sich nicht um sie kümmerte, außerhalb der Reichweite um die Köpfe der Menschen schweben und ein Gefühl der Überlastung erzeugen. Um solches zu vermeiden, haben die Alten diese Lebensbereiche mit Abschnitten der Umgebung verbunden, mit denen die Menschen eine klare Absicht verbinden und innere und äußere Harmonie hervorbringen konnten. Derartige stark gebündelte Konzentration auf Karriere, Wissen/eigene Entwicklung, Familie/Gesundheit, Reichtum/Überfluß, Öffentliches Ansehen, Beziehung/Ehe, Kinder/neue Ideen, und Wohltäter/Reisen können tatsächlich zu wunderbaren Wandlungen führen!

Wenn die Bagua-Elemente, -Richtungen, -Farben und -Lebensmotive in das Gelände verwoben sind, das wir bewohnen, besteht unsere Aufgabe einfach darin, unsere Umgebung so zu verändern, daß sie und ihre Kräfte in Übereinstimmung kommen. In manchen Fällen wird das bedeuten, ihre Wirkung zu betonen, in anderen, einem Ungleichgewicht entgegenzuwirken. Aber immer ist der menschliche Wille (bzw. die zugrundeliegende Absicht) der heilende Faktor.

Um den Fluß des Ch'i in Ihrer Wohnung oder an Ihrem Arbeitsplatz zu erleben, sollten Sie beobachten, wie Sie sich darin bewegen. Sind Ihre Bewegungen weich und fließend, oder fühlen Sie sich gedrückt und bedrängt oder verkrampft, und stolpern Sie leicht über Dinge? Fließt – mit anderen Worten – das Ch'i frei oder ist es zu konzentriert oder irgendwie blockiert?

Feng Shui-Praktizierende befassen sich mit diesem Fluß, noch bevor sie ein Gebäude betreten. Sie gehen in den Straßen herum und bewerten die Kraftströme sowie die auf den betreffenden Ort ausgeübten Yin- und Yang-Kräfte. Sie wissen zum Beispiel, daß flache, sanft gewölbte Hügel und Täler dazu neigen, Yin zu sein. Sie sind sich bewußt, daß spitze Gipfel wie die im Olympic Mountain Range im Staat Washington, die Grand Tetons in Wyoming und die Rocky Mountains im Südwesten stark Yang sind. Und sie sind damit vertraut, daß eine Landschaft, in der weder Yin noch Yang vorherrschen, für das innere Gleichgewicht am förderlichsten ist.

Mit dem Bagua-Rad als Führer können Sie die Anlage *Ihres* Landstückes einschätzen und von dort aus das Innere der Struktur, die davon getragen wird. Während Sie in der Arbeit mit dem Rad erfahrener werden, werden Sie eine Vielfalt von Hilfsmitteln entdecken, mit denen Sie sich den Erdkräften, die Ihren Wohnort durchlaufen, anpassen können. Unter Führung von Gaia werden Sie wahrscheinlich herausfinden, daß *jeder*

Ort von einer Rennbahn zu einem angenehmen Versammlungsort umgewandelt werden kann oder von einem toten Bereich in eine Gegend, die von Leben pulsiert.

Eine Bewertung nach dem Feng Shui

Jedes Gebäude ist in sich ein Wesen und muß als solches behandelt werden. Das ist meine Einstellung bei einer anstehenden Einschätzung.

Gewöhnlich beginne ich, indem ich schamanisch zu dem Gebäude reise und mich mit ihm verbinde, ohne von den Energien menschlicher Einwohner abgelenkt zu sein. (Zur Praxis solcher Reisen s. S. 134) Das Gebäude hat mir immer viel zu sagen; zum Beispiel, wo ich gestaute Stellen finde, deren Energie »gereinigt« werden muß. Ich fahre auch in der Umgebung herum, um die geografischen Eigenheiten zu bemerken, die Gesundheit und die allgemeinen Bedingungen in der Gemeinde und der umliegenden Landschaft. Je mehr »Ebenen« der Umwelt ich einbeziehen kann, um so mehr Wissen steht zur Bearbeitung zur Verfügung. Wenn ich zum Gebäude zurückkehre, studiere ich zunächst den Eingang und betrachte die Straße als eine weitere »Tür« und bewerte den Fluß des Ch'i. Dann fange ich erst mit einer physischen Bearbeitung an und lege das Bagua-Rad über eine Zeichnung des Bereichs. Manchmal dehne ich das Rad über die Stadt oder die Staatsgrenze hinaus aus, um einen möglichst großen Überblick zu bekommen.

Nachdem ich das Gelände bewertet habe, wende ich meine Aufmerksamkeit dem Grundriß des Hauses zu und mache mir eine Skizze davon, während ich es begehe. Nach Beendigung der Bewertung mache ich eine Liste der Probleme, der Lösungen und der Verbesserungen. Dann erstelle ich entweder einen schriftlichen oder auf Band gesprochenen Bericht der Begehung, abhängig davon, ob die Kunden durch Sehen oder durch Hören besser aufnehmen können.

Betrachten wir nun das Haus einer Ärztin, die durch Funk und Fernsehen bekannt geworden ist. Zunächst schauen wir uns das Grundstück an, auf dem das Haus steht (s. Abb. 3-2). Das Gelände ist rechteckig und in der Form relativ glatt, was im Feng Shui als günstig gilt. Der Umriß des Hauses bildet ein Zickzack, was im Feng Shui als die Form des Blitzes bekannt ist. Unter der Bedingung, daß die Schenkel des Zickzacks gleich

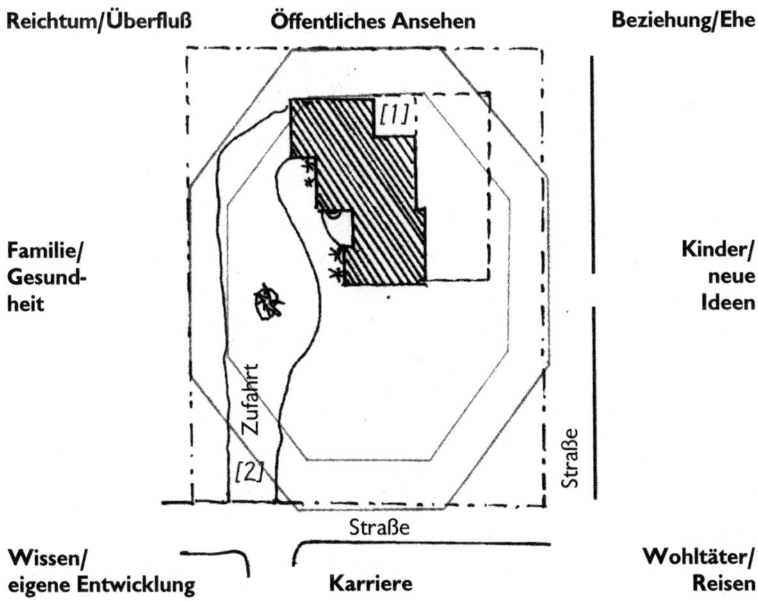

Abb. 3-2: Grundstücksgrundriß mit übergelegtem Bagua-Rad..

lang sind, steht eine solche Form für vielversprechende Kraft. Hier sind sie jedoch ungleich lang, wodurch – wie Sie sehen können – Leerräume entstehen und in den Bereichen Reichtum/Überfluß und Wohltäter/Reisen Stücke im Grundriß fehlen. Die Lösungen, die ich während meines Ganges durch das Haus vorgeschlagen habe, werden später in diesem Kapitel erläutert.

Es gibt noch eine weitere Schwierigkeit: Die Straße hinter dem Haus ist eine belebte Durchfahrtsstraße. Die auf dieser Straße schnell dahinfließende Energie kann lebenspendendes Ch'i vom Hause abziehen. Um sich dagegen zu schützen, habe ich das Setzen von Pflanzen, Bäumen oder einer Mauer im markierten Bereich (1) vorgeschlagen. Hätte es sich um einen Mieter statt um den Eigentümer gehandelt, oder hätte er sich eine Umgestaltung des Geländes oder die Baumaßnahmen nicht leisten können, so hätte ich eine Pufferung des Hauses vorgeschlagen undeinen Stein oder eine Statue in diesen Bereich gestellt, welche die »Absicht« verkörpert hätte..

Eine dritte Schwierigkeit mit diesem Stück Land ist der Kanal, der unter der Zufahrt hindurchgeht (2) und den Wasserfluß beschleunigt. Pflanzen dort würden einem doppelten Zweck dienen: überschüssige Feuchtigkeit aufzunehmen und das Abfließen von Lebenskräften aus dem Bereich der Karriere zu verhindern.

Als nächstes untersuchen wir den Grundriß des Hauses, der in Abbildung 3-3 gezeigt wird. Auch im folgenden beziehen sich die in Klammern gesetzten Ziffern des Textes auf die in Klammern gesetzten Ziffern der Zeichnung. Wir umkreisen das Rad im Uhrzeigersinn und beginnen am Eingang – dem »Mund« des Gebäudes. Hier anzufangen, wird uns sehen helfen, wie der nährende Fluß des Ch'i sich im Körper des Hauses bewegt.

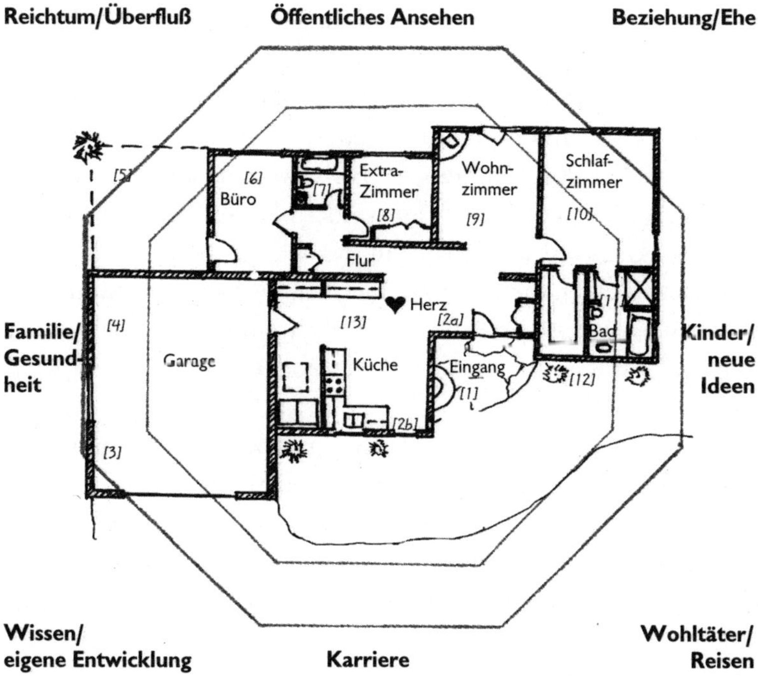

Abb. 3-3: Hausgrundriß mit übergelegtem Bagua-Rad..

[1, 2a, 2b] Karriere: Wasser

In diesem Haus liegt der Eingang [1] im Bereich der Karriere, dem Lebensbereich, in welchem Energie gewöhnlich eingesetzt wird, um Geld zu verdienen und damit wiederum physische Nahrung. Der Eingang ist durch eine schöne, saubere Steinterasse gekennzeichnet, die durch einen Brunnen geschmückt ist. Die Doppeltür, die eine Fülle von Ch'i ins Haus lassen kann, ist türkis gestrichen, eine ausgezeichnete Farbe zur geistigen Einstimmung, Heilung und Reinigung. Man schreibt dem Türkis auch die Eigenschaft zu, Besitz gegen Unfälle und Eindringlinge zu schützen.

Der Eingang weist jedoch zwei Probleme auf. Zum einen sprudelt der Brunnen nicht, und das Wasser steht – eine Situation, die schnell in Ordnung gebracht werden sollte, damit die Karrieren nicht beeinträchtigt werden. Dieses Problem ist besonders akut, weil im Feng Shui das Wasser auch für die Karriere steht. Ich empfehle tatsächlich häufig einen Brunnen oder Bilder von Wasser im Eingangsbereich eines Gebäudes, ob es sich um den Karrierebereich handelt oder nicht, denn Wasser strotzt vor Leben.

Das zweite Problem besteht hier in der Nähe der Eingangsterasse zur Auffahrt. Ohne trennende Schichten zwischen beiden, ist die Terrasse den vorüberfahrenden Fahrzeugen zu sehr ausgesetzt. Um diese Situation zu heilen, schlug ich vor, neben die Eingangstür die Statue eines Wächtertieres zu stellen, wie einen Hund, einen Tiger oder einen anderen wilden Beschützer.

Der Innenbereich des Eingangs funktioniert gut: Eine geräumige Vorhalle öffnet sich in eine luftdurchströmte Halle [2a] mit hoher Decke. Der Boden ist gefliest und mit Brücken belegt, die den Raum bestimmen und Erdung vermitteln. In der Halle fällt sofort die Harfe des Besitzers ins Auge, die das Gefühl der Harmonie und sanften Resonanz unterstützt. Die Küche befindet sich nahe dabei in einer günstigen Lage, da die Hausarbeit mindestens ebenso ein Beruf ist wie alles außerhalb des Hauses. Die Küchenfenster sind ebenso wie die Fenster des angrenzenden Eßbereichs [2b] gut für die Karriere, da sie sich dem hereinfließenden Ch'i öffnen. Und sie haben eine günstige Größe: nicht zu klein, um den hereinkommenden Fluß nicht einzuschränken, und nicht zu groß, um ihn nicht sofort wieder abfließen zu lassen.

Wenn Sie Ihre Karriere fördern wollen, sollten Sie sich auf den Bereich Ihrer Wohnung oder Arbeitsstätte konzentrieren, der mit der Grundlinie des Bagua-Rades in Verbindung steht. Wenn Sie eine Beförderung erwarten oder eine größere Verantwortung übernehmen möchten, dann ist dies der Ort, wo Sie ein Bild von sich oder jemandem, der diese neue Arbeit durchführt, zeigen sollten. Alles, was Sie hier ausstellen möchten, wird Ihre Absicht zu einer blühenden Karriere tragen, und sei es auch nur ein kleiner Stein.

Ein traditioneller Feng Shui-Berater würde für diesen Zweck wahrscheinlich Flöten oder einen Spiegel empfehlen, aber Sie sollten sich Gegenstände aussuchen, die für Sie eine Bedeutung haben. Obwohl Gegenstände eine eigene Kraft haben, stellt der in sie gesteckte Wille oft den größeren energetischen Einfluß dar. Gegenstände mit einer Intention können aufgrund der persönlichen Kraft, die sie tragen, Blockierungen von Harmonie, Gleichgewicht und Vitalität lösen.

[3] Wissen/eigene Entwicklung

Dieser durch die angrenzende Garage beeinträchtigte Bereich weist darauf hin, daß Wissen und eigene Entwicklung außerhalb des hauptsächlichen Lebensbereichs angesiedelt sind. Die Garage begrenzt aber nicht nur diese Aspekte im Leben der Bewohnerin, sondern wirft auch andere Probleme auf. Nachdem sie den Motor ausgestellt hat, setzt sich Blei an ihren Schuhen und an ihrer Kleidung ab und wird ins Haus gebracht, wo es

– einmal in die Luft geraten – leicht eingeatmet oder anders aufgenommen werden kann. Durch die Garage kommen auch andere giftige Gase oder Chemikalien in das Haus. Demgegenüber würde eine etwas entfernte Garage dafür sorgen, daß ein großer Teil der Gifte draußen bleibt.

Um das Wissen und die eigene Entwicklung in die Umrisse des Hauses zu integrieren, habe ich vorgeschlagen, Gegenstände in die Garage zu stellen, die die Wünsche der Klientin in diesen Bereichen repräsentieren. Sie wählte sich einen Lehnstuhl aus und versah ihn mit ihrer Absicht, Spaß zu haben und sich auszuruhen. Bei einem noch im Bau befindlichen Haus hätte ich geraten, solche Gegenstände dauerhaft in das Fundament oder die Bodenplatte einzubringen. Eine Frau, die alles sehr enthusiastisch macht, setzte derart viele Gegenstände in das Fundament ihrer Hauses, daß der Bauunternehmer streikte und sagte: »Gute Frau, Sie gefährden die Stabilität der Fundamente.«

[4] Familie/Gesundheit: Holz

Auch dieser Bereich befindet sich in der Garage und somit außerhalb des Haupthauses – eine Situation, die leicht zur Entfremdung von der Familie und zu einer Beeinträchtigung der strahlenden Gesundheit der Besitzerin führen kann. Ich riet ihr, um ein harmonisches Familienleben zu fördern, diesen Teil der Garage mit fröhlichen Bildern aus Familie und Freundeskreis zu füllen. »Und wenn Sie keine fröhlichen Bilder haben,« so sagte ich, »dann malen Sie sich welche. Sogar Strichmännchen reichen aus, denn nicht die Ausführung, sondern die Absicht zählt.«

Damit sie gesund bleiben und sich wohl und lebendig fühlen, schlug ich eine Seidenpflanze innerhalb der Garage und echte Pflanzen an den Außenwänden vor. (Im letzten Kapitel finden Sie Pflanzen erwähnt, die giftige Chemikalien absorbieren können.) Bambus wächst kraftvoll in vielerlei Varianten und hat sich an solchen Stellen sehr bewährt. Die Pflanze kann gut in einen Metallbehälter eingefaßt werden.

In diesem Bereich des Holzes kann Wasser seine Eigenschaften nähren; zuviel Wasser hingegen, etwa bei einem Badezimmer mit vielen Wasserhähnen, wird es nur ertränken. Die günstigste Lösung bilden Pflanzen, die einen Überschuß an Feuchtigkeit aufsaugen können.

[5, 6] Reichtum/Überfluß

Der Bereich Reichtum/Überfluß umfaßt zwei Teile des Hauses. Einer ist ein Freiraum, für den ich den Aufbau einer Mauer aus Steinen oder Strohballen vorschlug, um diesen Teil des Besitzes in einen Außenraum mit Garten zu verwandeln. Ein robuster Baum in der oberen linken Gartenecke würde viel dazu beitragen, so erklärte ich, einen Strom des Überflusses anzuziehen, wie auch das Bild einer Schildkröte – eines starken und langlebigen Reptils – den langen und stetigen Fluß des Reichtums repräsentieren würde. Wäre eine Wand nicht bezahlbar, so hätte ich einen von Steinen eingefriedeten Garten vorgeschlagen.

Wenn Sie sich mit ähnlichen Problemen auseinandersetzen, dann denken Sie bitte daran, daß es so viele Lösungen gibt, wie Menschen sie finden können. Vertrauen Sie Ihrer Intuition!

Das Büro liegt im Bereich von Reichtum/Überfluß sehr gut. Um den Leerbereich noch besser zu kompensieren, schlug ich vor, auf der angrenzenden Wand eine Gottheit darzustellen, etwa eine Hindu-Göttin oder den Gott Ganesh, oder, wie zuvor, das Bild einer Schildkröte. Die großen Fenster an der weiterführenden Wand erlauben einen üppigen Einstrom von Ch'i, bergen aber auch das Risiko, daß durch die große Öffnung Ch'i ausströmt. Um eine Entleerung dieser Lebenskraft zu verhindern, riet ich dazu, ihr Entweichen mit Vorhängen, Gardinen oder Stücken von Bleiverglasung zu besänftigen und zu verlangsamen, denn Ch'i wird von Bewegung, Farbe, Licht und Schönheit angezogen.

[7, 8, 9] Öffentliches Ansehen: Feuer

Der im Bad [7] liegende Bereich der öffentlichen Fassade könnte problematisch sein, denn niemand möchte seinen Ruhm in der Toilette abgespült sehen. Um die Ähnlichkeit von »fame« (Ruhm) und »drain« (Abfluß) auszuschalten, riet ich hier zu üppig wachsenden Pflanzen. In anderen Häusern, in denen es keine Kinder gab, ließ ich die Klienten Feuerwerkskörper über das Klo hängen. Solche Probleme verlangen nach »explosiven« Lösungen.

Günstig ist, daß die Toilette hier zur Innenwand hin liegt. Oft genug liegt die Toilette wegen der besseren Lüftung zur Außenwand hin, doch führt der abwärts gerichtete Sog des Ch'i durch die Spülung am Rande des Gebäudes zu einem Abfluß der Lebenskräfte. Wenn Sie Ihre Toilette an einer Außenwand haben, dann steuern Sie diesem unerwünschten Effekt entgegen, indem Sie eine starke Darstellung aufwärts gerichteter Energie anbringen, wie eine aufwärts wachsende Pflanze oder ein Foto oder Mobile mit Vögeln. Verlassen Sie sich wieder, um die bestmögliche Lösung zu finden, auf Ihre Intuition.

Das Gästezimmer [8] mit seiner vom übrigen Haus fortweisenden Tür, bietet hier ein erfreuliches Gefühl der Privatsphäre, erzeugt aber auch eine schwer zugängliche öffentliche Seite. Um die Fähigkeiten der Bewohnerin als Rednerin zu fördern, schlug ich vor, auf einer Wand das Bild eines großen Redners darzustellen oder eine Kollage von Publikum, das eine Vorführung genießt. Sie war sich sehr bewußt, daß es der Wille, die Absicht hinter den Bildern ist, durch die die Verwirklichung vorangetrieben wird.

Das Wohnzimmer [9] ist der ideale Ort für den Bereich der Öffentlichkeit. Obwohl die betreffende Frau stille, intime Zeiten in ihrem Wohnzimmer verbringt, dient es auch als ein »öffentlicher« Ort. Die Benutzung des Kamins in der Ecke kann ihrem Image einen Aspekt brennenden Eifers geben – einer Leidenschaft, die noch betonter ist, weil Feuer auch das Element im Feng Shui ist, das für diesen Lebensaspekt steht.

[10] Beziehungen/Ehe

Diese Lage ist für das Schlafzimmer sehr vorteilhaft. Damit dieser Raum so sicher und warm wie möglich wird, schlug ich als Farbe Rosa mit einem Zusatz von Blattgrün vor. Für zufriedene Singles ist es oft vorteilhaft, diesen Bereich mit einem Heiligenbild zu schmücken wie etwa der Kwan Yin, der chinesischen Göttin der unendlichen Liebe und des Mitgefühls.

Wenn Sie am Aufbau einer dauerhaften Beziehung interessiert sind, dann schreiben Sie sich auf, was Sie von einem Partner erwarten, und legen es in den betreffenden Bereich Ihres Hauses. Oder fertigen Sie eine Liste an – je genauer definiert, um so besser. Denken Sie daran, daß der Geist alles sehr wörtlich nimmt. Und seien Sie vorsichtig mit Ihren Bitten, denn Energie ist beweglich und manifestiert sich sehr schnell!

Wenn Sie Ihre Ehe festigen möchten, dann ist dies der geeignete Ort dafür. Wenn Sie sich gerade scheiden möchten, dann legen Sie hier Ihre Absicht für einen sanften und liebevollen Übergang nieder. Und setzen Sie sich vor allem für harmonische Beziehungen mit allen Menschen in Ihrer Welt ein – besonders aber mit Ihnen selbst.

[11] Kinder/neue Ideen: Metall

Das Badezimmer ist ein guter Platz, um neue Ideen mit zusätzlichem Ch'i zu versehen. Ich schlug vor, hier ein Bild von neuen Projekten anzubringen: in Gestalt einer einfachen Zeichnung oder sogar eines kleinen Steines. Alles, was daran erinnert, woran man gerade arbeitet, kann sich hier als sehr fruchtbar erweisen.

Wenn Sie Kinder haben, wäre dieser Bereich eine ideale Stelle für ihre Schlaf- oder Spielzimmer. Achten Sie aber darauf, keine älteren Bilder von ihnen aufzuhängen, weil Sie – und die Kinder – dadurch an die Vergangenheit gefesselt bleiben. (Heben Sie sich die Babyfotos für den Bereich Familie/Gesundheit auf.) Möchten Sie gerade schwanger werden, so ist das ein guter Ort, Bilder von kräftigen und glücklichen Babys oder Glückwunschkarten zur Geburt oder Fotos von Knospen aufzuhängen. Seien Sie kreativ dabei, und machen Sie es mit Spaß!

[12] Wohltäter/Reisen

Der Bereich Wohltäter/Reisen erstreckt sich hier über die Grenzen des Hauses hinaus und muß eingebunden werden. Mein Lösungsvorschlag war, Symbole oder Statuen von Wohltätern wie Buddha, Franziskus, Kwan Yin, Engeln oder auch hilfreichen Menschen auf dem Gelände aufzustellen. Ein Wohltäter ist ein Wesen auf der körperlichen, mentalen, emotionalen oder geistigen Ebene, welches Hilfe gewährt. Auf unsere Suche nach Unabhängigkeit fixiert, vergessen wir Abendländer häufig, um Hilfe zu bitten. Aber sobald wir um Hilfe nachsuchen, wimmelt unser Leben von unschätzbaren Freunden, Führern und Mentoren.

Wie in allen anderen Bereichen auch bleibt hier nichts statisch. Wenn also einer der Gegenstände, die eine Absicht tragen, nicht mehr aktuell ist, achten Sie darauf, ihn durch einen anderen zu ersetzen, der die erwünschte Energie in Bewegung hält. Ein Wohltäter, der Sie gut durch Ihre Studien führen kann, mag sich als nicht mehr hilfreich erweisen, wenn es um den Berufsbeginn geht. Sehen Sie zu, daß Ihre äußere Umgebung Schritt mit Ihrer inneren hält.

Dieser Bereich ist auch passend zur Darstellung von Bildern oder Postkarten von Orten, die Sie gern noch bereisen möchten. Und wundern Sie sich nicht, wenn die Reisepläne zu diesen Zielen plötzlich Gestalt annehmen.

[13] Herz/Zentrum: Erde

Hierbei handelt es sich um einen der wichtigsten Bereiche eines Gebäudes, denn wenn das Herz unruhig, niedergedrückt oder eingesperrt ist, dann kann dadurch das gesamte Gebäude samt seiner Bewohner beeinflußt werden. Das Herz des Hauses, welches hier zwischen dem Flur und dem Haupteingang liegt, unterliegt einem beschleunigten Fluß des Ch'i, der letztlich zu Schlaflosigkeit, Nervosität oder Herzrasen führen kann. Schnell fließendes Ch'i neigt dazu, wie ein Fluß in einer Schlucht alles auf seinem Wege mit sich zu reißen. Es kann einem sogar den Atem nehmen.

Für diesen Bereich habe ich die Lösung vorgeschlagen, Steine oder andere Bilder einer starken, geerdeten Kraft, wie Berge oder Bodenformationen, in die zentrale Halle einzubringen, um das Ch'i hinreichend zu verlangsamen, daß es im Bereich des Herzen verbleibt. Ein Läufer in Erdfarben kann auch zu einer Beruhigung des Ch'i-Flusses auf seinem Weg durch den Flur führen. Lange Flure wie etwa in Bürogebäuden gewinnen häufig durch Bilder an den Wänden oder von leicht zurückgesetzten Türen. Weil Ch'i von Schönheit, Farbe, Klang und Bewegung angezogen wird, können Veränderungen dieser Art für ein »Innehalten der Kraft« sorgen und einen sanfteren, gewundeneren Kraftfluß bewirken.

Ist das Herz Ihrer Wohnung oder Ihres Arbeitsplatzes niedergedrückt, so können Sie überlegen, Windspiele, Engelstatuen oder aufwärts wachsende Pflanzen dort unterzubringen, um die Energie zu heben und zu verteilen. Ein Herzbereich, der von Lagerräumen und Schränken eingeschlossen ist, kann andererseits mit einem langsamen oder fast bewegungslosen Strom von Ch'i belastet sein, der auch als sha bekannt ist. Um die daraus folgende Stagnation aufzuheben, können Sie Bilder von klaren offenen Blicken anbringen, wie Berggipfeln, einer Wiese oder Sternen – die Ihnen alle helfen können, sich mit dem Fluß der kosmischen Energie zu verbinden.

Ist das Herz Ihrer Wohnung oder Ihres Arbeitsplatzes in irgendeiner Weise beeinträchtigt, so können auch alle anderen Bereiche in Mitleidenschaft gezogen sein. Wenn Sie diese Woche schon keine anderen Änderungen Ihrer Umgebung vornehmen, dann nähren Sie diesen lebenspendenden Kern Ihrer Welt – feiern Sie ihn!

Mit Hilfe des Bagua können wir noch zwei weitere Situationen ansprechen: unfreundliche Nachbarn und mediale Einbruchsicherung. Wenn Sie nahe zu anderen Menschen wohnen, könnten Sie sich manchmal einmal von jemandem bedroht fühlen – in welchem Falle Sie gut daran tun, die auf Sie gerichteten negativen Kräfte zurückzuspiegeln. Das kann man durch einen Spiegel bewerkstelligen, der auf die unerfreuliche Nachbarschaft gerichtet ist. Wenn Sie mit dem Gegenspieler eine Wand teilen, dann hängen Sie den Spiegel mit der spiegelnden Seite zu dieser Wand hin. Lebt der Schuldige in der Etage unter ihnen, legen Sie den Spiegel an einer unauffälligen Stelle auf den Boden. Und achten Sie darauf, den Spiegel mit klaren Wünschen nach Harmonie auszulegen, denn jeder böse Wille Ihrerseits wird dreifach auf Sie zurückfallen!

Bedauerlicherweise laufen manche Menschen in einer dunklen Wolke über die Erde und verbreiten überall, wohin sie kommen, negative Energie. Segnen Sie sie und schicken Sie sie zurück. Und als zusätzlichen Schutz umgeben Sie Ihre Wohnung oder Ihren Arbeitsplatz mit einem Ring aus Licht, um alle nicht hilfreichen Kräfte auszusieben.

Die Einbruchsicherungen des traditionellen Feng Shui bieten eine ganze Skala von Ritualen zur »Versiegelung der Tür« bis hin zu mudras – das sind Gesten der Hände –, um Böses abzuwehren. Die alten Kelten neigten, wie wir im 5. Kapitel sehen werden, eher dazu, Schutzzeichen und -symbole anzubringen, wie ich es an Türen oder auf den Boden am Eingang offen oder verborgen tue. Letztlich kommt aber der beste Schutz gegen Raub oder Verletzung aus unserem Kern. Das Licht und die Liebe, die wir ausstrahlen, weisen schädigende Kräfte von unserer Mitte ab. Geschehen böse Dinge, so besteht unsere Aufgabe darin, uns dabei nicht als Opfer zu fühlen, sondern sie als Gelegenheit zum Wachstum zu betrachten.

Wie gut Ihr Haus oder Büro auch entworfen sein mag, es wird immer Verbesserungsmöglichkeiten geben. Denken Sie aber daran, daß zu viele Feng Shui-Bücher »den Brei verderben« können. Denn jeder Ausübende des Feng Shui wird eine etwas andere Deutung der Kräfte vorlegen, die auf unsere Umgebung einwirken. Um wahre Harmonie zu erlangen, verlassen Sie sich am besten auf *Ihre* Intuition und rufen Sie Ihre Wohltäter und Führer zur Hilfe. Wie auch in alten Zeiten bewährt sich diese Form der chinesischen Divination am meisten, wenn sie nicht dogmatisch ausgeführt wird, sondern so freudig und schöpferisch wie möglich.

Kapitel 4

Das indianische Medizinrad

I circle around
The boundaries of the Earth
Wearing long wing feathers
As I fly, as I fly.

der Ghost Dance

(Ich umkreise
die Grenzen der Erde
Trage lange Flügelfedern
wenn ich fliege, wenn ich fliege)

Aus Sicht der indianischen Ältesten ist das Medizinrad der Kreis, in dem wir auf der geistigen Ebene leben, wenn wir uns in Gleichgewicht und Harmonie befinden. Je mehr wir uns an seine Kräfte gewöhnen, um so wahrscheinlicher werden wir seine Weisheit in unserem Alltag verkörpern können.

Das Rad wird den Himmelsrichtungen entsprechend aufgezeichnet. Anders als das Bagua, betont das Medizinrad die Jahreszeiten, die Tageszeiten, die Tiervölker, die Mondphasen, die Lebensstufen und Lebenswege. Das Verweben dieser Kräfte führt uns dazu, zu verstehen, daß das menschliche Leben viele »Jahreszeiten« hat. Zahlreiche Geschichten beschreiben diese

Jahreszeiten in Begriffen des Alters oder der Tageszeit. Beide Konzepte werden in einem der ältesten Rätsel verknüpft, dem Rätsel der Sphinx: *Was geht im Morgengrauen auf allen Vieren, geht mittags aufrecht und hat bei Sonnenuntergang drei Beine?* Von der Säuglingszeit zum Erwachsenenalter bis zum Alter mit dem Bedarf nach einem Krückstock durchläuft der Mensch tatsächlich einen Kreis von Jahreszeiten.

Die Zeitrechnung beruht bei vielen eingeborenen Völker Nordamerikas auf dem jährlichen Tanz der Jahreszeiten. Ganze Stämme schreiben ihr Überleben dem Herzschlag Gaias zu, der sie von Jahreszeit zu Jahreszeit durch alle Krisen trägt. Auch wir können lernen, innezuhalten in unserem Treiben und in der Luft nach einem Zeichen für süßen, sanften Regen zu schnuppern; auf das Knistern zu lauschen, das einem bitteren Gewittersturm vorausgeht; über welkende Blätter vor einem unglaublich blauen Himmel zu staunen; und das Nahen des Schnees als einen Schauder in unseren Knochen zu ahnen. Wir können – mit anderen Worten – bezüglich der Jahreszeit mehr unseren Sinnen als unserem Wandkalender vertrauen. Wenn wir uns von unserem Körper in die jeweilige Jahreszeit führen lassen, statt uns in Alltagsgeschäften zu vergraben, können wir voller in den Kreis des Lebens eintreten.

Besondere Kennzeichen

Gemäß den indianischen Lehren gehen wir jeden Tag, jedes Jahr und im Laufe unseres Lebens durch das Lebensrad. In jedem Falle führt uns die Reise durch das Medizinrad sowohl durch den Raum als auch durch die Zeit. Das Rad führt uns vom

Osten, mit dem Hauch des Frühlings und der Kraft der Kindheit, zum Süden, feurig wie der Sommer und wimmelnd von jugendlichem Eifer und Wachstum, dann zum Westen, dem herbstlichen Bereich der Erwachsenenzeit und Verantwortung, wo wir den Sinn unseres Lebens finden, und schließlich zum Norden, dem Ort der Ältesten, wo die schwindenden körperlichen Kräfte der Vermehrung der geistigen Kräfte des Winters Platz machen. In der Nabe des Rades findet sich der Geist, die Sonne, der Mond, um die sich alles dreht.

In der Struktur des Medizinrades werden die vier Hauptrichtungen häufig mit den folgenden allgemeinen Charakteristika verknüpft. (Beachten Sie: Dieses Rad beginnen wir im Osten, dem Ort der aufgehenden Sonne.)

Osten – Luft, Frühjahr, Morgen, Vögel, Anfänge, zunehmender Mond, Kind, Selbstentdeckung, Pfad des Visionärs
Süden – Feuer, Sommer, Mittag, Koyote und Schlange, Klarheit/Extroversion, Vollmond, Jugend, Selbst, Pfad des Kriegers
Westen – Wasser, Herbst, Dämmerung, Wale, Delphine, Schildkröte, Bär, Gefühl/Reflexion, abnehmender Mond, Erwachsene, Gemeinschaft, Pfad des Lehrers
Norden – Erde, Winter, Mitternacht, Schnee-Eule, Wolf und Hase, Introspektion, Neumond, Älteste, Autonomie, Pfad des Heilers
Mitte – Geist, von dem alles Leben ausfließt, Sonne, Mond

Die Mondmonate auf diesem Medizinrad basieren auf den dreizehn Monden auf dem Rückenpanzer einer Schildkröte: zwölf um den äußeren Rand und einer in der Mitte. Hier werden nur vier der zwölf Phasen festgehalten, aber man kann sich bei der

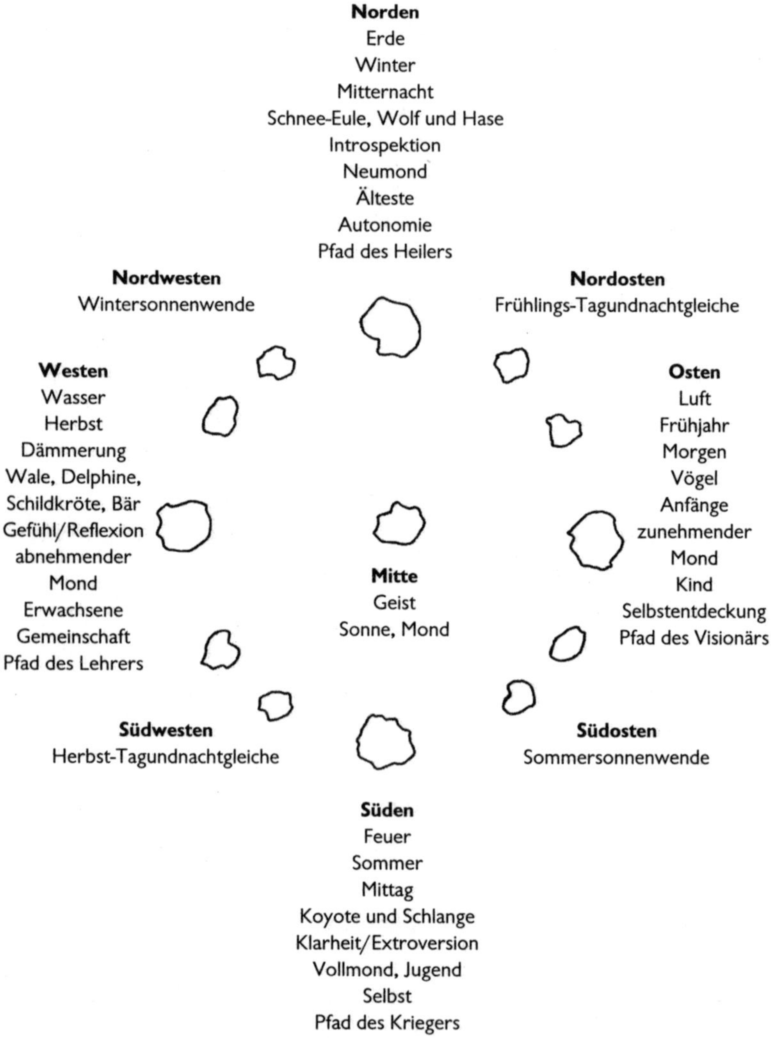

Abb. 4-1: Das indianische Medizinrad.

Reise durch das Rad die anderen vorstellen. Mehr noch als der monatliche Mondlauf spiegeln sich diese Phasen in der Blutung der Frau und werden auf einer tiefen Ebene erkannt.

Die Pfade des Visionärs, des Kriegers, des Lehrers und des Heilers stellen moderne Deutungen des Sinns der Lebensphasen dar, wie Dr. Angeles Arrien sie in ihrem Buch *The Four-Fold Way* (Der vierfache Weg) beschreibt. Hier werden alte Überzeugungen verknüpft, die viele der Völker auf dem amerikanischen Kontinent teilen.

Eine Bewertung nach dem Medizinrad

Benutzen wir nun das Medizinrad, um das zweistöckige Haus einer siebenköpfigen Familie einzuschätzen, das sich auf einem vier Hektar großen, von Kiefern und Eichen bestandenen Gelände hoch oben in der kalifornischen Sierra befindet. Die Familie hat dieses Haus selbst entworfen, gebaut und sorgfältig genordet. Diese Anordnung sorgt für eine volle Sonneneinstrahlung aus dem Süden und maximiert das Potential des Hauses, Harmonie und Gleichgewicht zu erzeugen (siehe Abb. 4-2).

Die Zweistöckigkeit stellt uns vor noch eine weitere Komponente, die wir beurteilen müssen. In der Gaiamantie entsprechen die Stockwerke eines Gebäudes den Ebenen des menschlichen Daseins: Der Keller entspricht dem Unbewußten, das Erdgeschoß der physischen Ebene und der zweite Stock der geistigen. Je höher man in einem Gebäude wohnt, um so mehr Erdung ist nötig, um das Gleichgewicht und die Verbindung mit Gaia aufrechtzuerhalten.

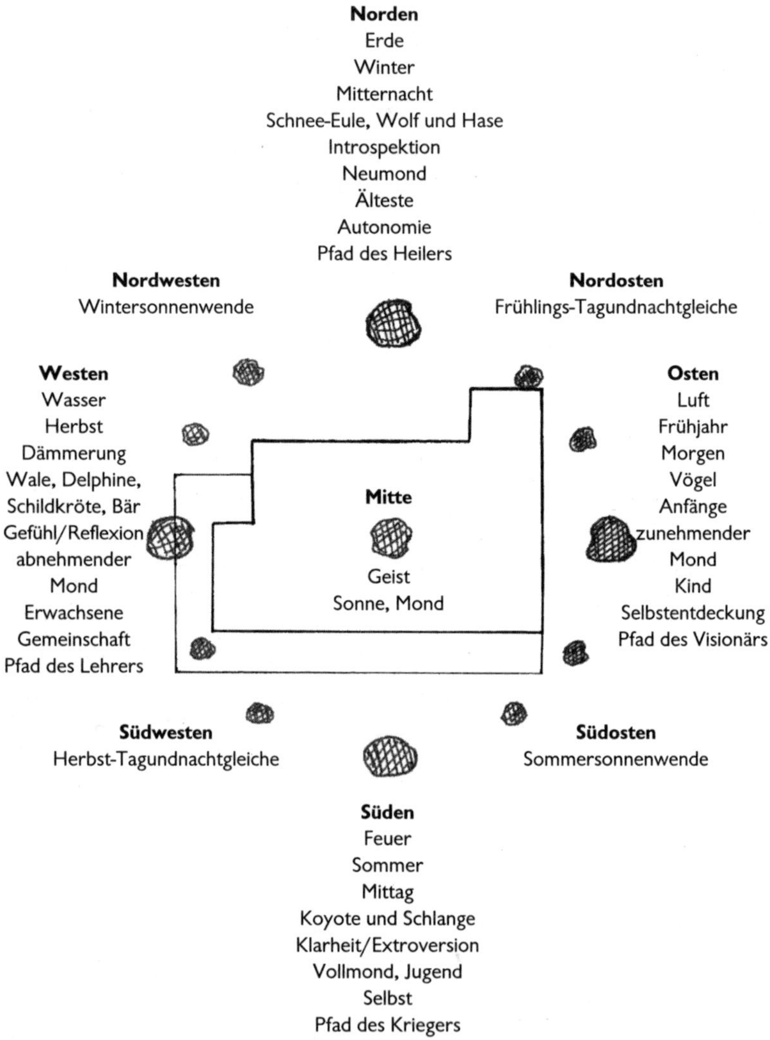

Abb. 4-2: Grundriß eines Hauses mit übergelegtem indianischen Medizinrad.

Wir beginnen unsere Einschätzung dieses Hauses am Vordereingang des Erdgeschosses (Abb. 4-3) und arbeiten uns zum zweiten Stock vor (Abb. 4-4). Wie im dritten Kapitel behalten Sie bitte Ihre eigene Anlage im Hinterkopf und verwenden Sie die Ihnen zusagenden Lösungen, um etwas zu fördern oder Probleme zu beseitigen. Gehen Sie dabei kreativ vor und mit Freude, und vergessen Sie nicht, daß jeder Gegenstand ersetzt werden kann, wenn die Umstände sich ändern. Das Leben steht nie still, und auch Lösungen sollten das nie tun.

Erdgeschoß

[1] Süden: Feuer, Sommer, Klarheit/Extroversion, Vollmond, Pfad des Kriegers

Der zum Süden zeigende Eingang steht für die Fülle des Daseins, die für dieses Haus durch breite einladende Felsstufen zur Eingangsveranda betont wird. Die Natursteine vermitteln den gleichen Eindruck der Festigkeit und Dauerhaftigkeit wie das Fundament, das ebenfalls aus Steinen aus dem nahegelegenen Fluß gebaut ist. Um die Eingangstür [1a] von der Tür abzuheben, die in den Familienraum führt, schlug ich vor, beidseits Pflanzen zu setzen. Und außerdem riet ich dazu, sie durch eine Holztür mit einer Glasscheibe zu ersetzen, auf die eine Sonne (Feuer) und ein Füllhorn (Fruchtbarkeit) graviert sind.

Die Eingangshalle ist zwar klein, bietet aber einen guten Windschutz gegen das kalte winterliche Klima der Vorberge. Da dies der Bereich der Fruchtbarkeit wie auch der »Mund« des Gebäudes ist, hebe ich die Wichtigkeit hervor, Gold und andere satte Farben hier unterzubringen.

Im Süden befindet sich auch das Gästezimmer [1b]. Hier schlug ich vor, ein Bild oder einen Gegenstand zu anzubringen, die für den Pfad des Kriegers stehen. (Dieser Pfad beinhaltet nicht Krieg und Blutvergießen, sondern Mut, Aufrichtigkeit, Wahrheitsliebe und die Klarheit, dem vorgegebenen Weg zu folgen.) Sogar ein mit dieser Absicht versehener Stein kann die Kraft verstärken, in Wahrheit und Ehre zu leben. Überlieferte indianische Symbole des Südens sind Mais, Gänse und Forellen.

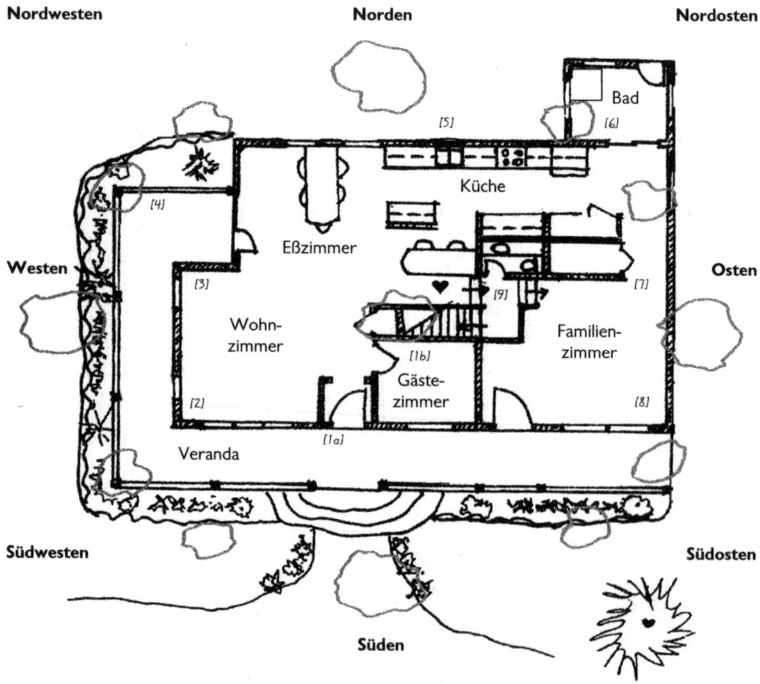

Abb. 4-3: Grundriß des Erdgeschosses mit übergelegtem indianischen Medizinrad.

[2] Südwesten: Herbsttagundnachtgleiche (21. September), abnehmender Dreiviertelmond

Das Wohnzimmer nimmt den Platz des Wachstums, der Erweiterung des Selbst und der gesunden Reife ein. Um diese Eigenschaften der Ernte zu würdigen, schlug ich vor, den entsprechenden Teil des Raumes mit Familienfotos zu akzentuieren. Da in der Familie mehrere Teenager lebten, ließ ich auch Darstellungen von Blütenknospen hinzufügen, um ihren Weg ins junge Erwachsenenalter zu fördern. Dies ist der Ort, wo die Gaben gesammelt und beachtet werden, die alle im Hause nähren. Die überlieferten indianischen Symbole des Südwestens sind unter anderem Rotwild, Lachs und Braunbär.

[3] Westen: Wasser, Emotion/Reflexion, abnehmender Halbmond, Pfad des Lehrers

Das Wohnzimmer erstreckt sich bis in den Westen zum Ort des Erwachsenseins, der Stärke und Gemeinschaft. Es war eine ausgezeichnete Idee, die Veranda des Hauses bis hierher zu ziehen, denn es lädt die Familienmitglieder ein, über das sich sammelnde Sternenlicht nachzudenken und sich der Fülle des Herbstes hinzugeben – die Röte der Blätter, die Frische der Luft und die betörenden Düfte, die der Wind mit sich trägt. Auf der Veranda aufgestellte Stühle laden ein, all diese Herrlichkeiten und den Sonnenuntergang in sich aufzunehmen.

Viele Abendländer sind so in die Jugend verliebt, daß sie oft den Glanz, die Anmut und Süße der goldenen Jahre vergessen. Deshalb ist es wichtig, diesen Bereich unserer Wohnung oder unseres Büros mit Bildern von Sonnenuntergängen zu schmücken. Hier gehören Bilder des Wassers und des weichen, goldenen Herbstlichtes hin. Zu den überlieferten indianischen Symbolen des Westens gehören derWapiti und die Eichel.

[4] Nordwesten: Wintersonnenwende (21. Dezember), abnehmender Viertelmond

Da die Kräfte des Nordwestens außerhalb des Hauses bleiben, stehen den Bewohnern die Energien der Wintersonnenwende nicht zur Verfügung. Diese Kräfte wecken Impulse, in die Dunkelheit zu gehen und sich auf ein neues Leben vorzubereiten, die Fülle des Lebens zu erfahren, die im dunklen Erdreich »brach«liegt, und uns von der Hektik der Wachstumsphase auszuruhen. Die Wintersonnenwende gemahnt uns – mit anderen Worten – daran, still zu sein und zuzuhören. Sie inspiriert uns auch, uns in die Traumwelt hineinzubegeben und ihre Kräfte zur Reife zu bringen.

Während ich mit der Familie sprach, regte ich an, die Türen des Eßzimmers täglich rituell auf die Veranda hin zu öffnen, um diese Kräfte wieder ihr Leben einzuladen. Die Türen waren aber fest geschlossen und die Griffe abgebrochen – eine Situation, die sofortiger Aufmerksamkeit bedurfte. Unsere Umgebung hält immer eine Botschaft für uns bereit!

Außerdem riet ich dazu, auf der Veranda Laternen aufzuhängen, um die Wichtigkeit anzuerkennen, sich zur Erneuerung dem Licht zuzuwenden, die Vergangenheit loszulassen und sich auf die Zukunft auszurichten. Unter die Laternen stellte die Familie eine kleine getupfte immergrüne Pflanze, die das ewige Leben repräsentieren soll. Als indianische Symbole für den Nordwesten sind Ahornsirup, Eulen und Schwarzbären überliefert.

[5] Norden: Erde, Winter, Innenschau, Neumond, Pfad des Heilers

Diese Seite wird von der Küche eingenommen, was in mehrerer Hinsicht vielversprechend ist. Zum einen fördert die Ruhe dieser Jahreszeit die Verdauung. Zum anderen öffnet sich das Fenster zu einem heilenden Panorama von Kiefern, hohe grüne »Aufrechtstehende«, die wegen des wispernden Windes in ihnen verehrt werden und wegen der Süße ihres Duftes. Außerdem wird die Familie immer wieder mit dem Bild der Zubereitung von Abendmahlzeiten im schwindenden Licht beschenkt, wenn die Wärme des Essens mit dem anregenden Aroma aus dem Ofen verschmilzt. Meine einzige Anregung hier war, der schnell durch den Ausguß entweichenden Energie durch Tontöpfe mit Kräutern auf der Fensterbank entgegenzuwirken, die die Wohltaten der Pflanzen auf dieser Erde repräsentieren. Zu den überlieferten indianischen Symbolen des Nordens gehören GeschichtenerzählerInnen, Schnee-Eulen und Wölfe.

[6] Nordosten: Frühlingstagundnachtgleiche (21. März)

An diesem Ort der frühen Dämmerung und der Wiedergeburt befindet sich interessanterweise ein Heißwasserkübel. Darin zu baden erinnert deshalb an die gerade über dem Horizont erscheinende Sonne, die die Ankunft eines neuen Tages und persönliche Wiedergeburt ankündigt. Weiterhin nährt das Element Wasser die Zeit der Knospung, die sich in der dortigen Landschaft als eine Fülle von Narzissen, Krokussen und jungem Gras zeigt. Die Tiervölker, die traditionell mit der Frühjahrstagundnachtgleiche verbunden werden, sind Frösche, Singvögel und Otter.

[7] Osten: Luft, Frühjahr, Anfänge, zunehmender Halbmond, Pfad der Visionäre

Ein großer Teil des Familienraumes befindet sich im Osten, dem Platz zum Abstreifen alter Häute und des Neubeginns. Hier verbringen die Kinder Zeit miteinander und ihren Freunden. Um die »Kinderenergie« aufzuwiegen, die diesen Raum durchdringt, riet ich jedem Familienmitglied, einen Gegenstand dort unterzubringen, der ein Projekt darstellt, das er oder sie zu unternehmen wünscht. Angesichts der erheblichen Hitze, die durch die jugendliche Energie erzeugt wird, könnte der Holzofen die Dinge zu sehr »aufheizen«: Um das Feuer auszugleichen und eine harmonische Beziehung herzustellen, schlug ich Symbole der anderen drei Hauptrichtungen vor. Die Tiere dieser Richtung sind Habicht, Adler, Biber und Bärenjunges.

[8] Südosten: Sommersonnenwende (21. Juni), zunehmender Dreiviertelmond

Der Familienraum erstreckt sich in den Südosten, den Abschnitt des Medizinrades, der den längsten Tag ehrt, der seit Tausenden von Jahren als Gelegenheit für die letzten Pflanzungen gefeiert wird. Der Familienraum ist mit der Energie dieses Wechsels erfüllt und somit ein Platz, der die Familienbeziehungen auf neue Weise fördert. Veränderungen in der Dynamik der Familie wie auch in des Kosmos sind Teil des Lebensrades. Unsere Aufgabe besteht darin, zu lernen, mit ihnen zu fließen und ohne Angst zu wachsen.

[9] Mitte: Herz, Sonne und Mond gemeinsam
Das Herz des Hauses muß, wie das Herz im Körper, stark, stetig und in der Lage sein, einen gesunden Kreislauf aufrecht zu erhalten. Das ist in diesem Haus jedoch nicht der Fall, denn seine Tätigkeit wird durch das ständige Hin- und Her im Flur und das Auf- und Ab im Treppenhaus beeinträchtigt. Diese schnell bewegliche Energie kann zu Nervosität, Schlaflosigkeit und Herzklopfen führen. Hier sind Symbole einer stetigen, geerdeten Kraft auf den Wänden gefragt, wie etwa Fotos von Bergen oder andere Bilder von Gelassenheit, Frieden und Schönheit.

In der Mitte meines Hauses zum Beispiel hängt eine Lithographie einer herzförmigen *Plumeria lei,* die am Rande der Gischt auf dem Sand ruht. Für mich ist dies ein Bild der Stetigkeit und Erdung: Die Plumeria ist Beispiel für die Einladung und das Willkommen des Geistes von Aloha, ihre Herzform zeigt Schönheit und Anmut. Die duftende Plumeria erinnert mich an das warme Herz Hawaiis, und der Sandstrand erinnert an die gesunden Gezeiten des Lebens.

Das Badezimmer in der Mitte des Hauses in den Bergen der Sierra ist ebenso problematisch wie der mittlere Flur. Abflüsse können Lebenskraft vom Herzensbereich abziehen. Verstopfungen, Lecks und Tröpfeln wirken sich ebenfalls ungünstig aus. Pflanzen – oder Bilder von Pflanzen oder Blumen – würden die Energie hier heben und für gute Gesundheit sorgen.

Oberes Stockwerk

Dieser Abschnitt unserer Beurteilung wird sich nur mit den unausgeglichenen Bereichen des Grundrisses im zweiten Stock beschäftigen (siehe Abb. 4-4).

[10] Westen

Dieser Ort der Reflexion, der zwischen dem ersten und zweiten Schlafzimmer liegt, ist »im Schrank verlorengegangen«. Um seinen Einfluß im Leben des Obergeschosses geltend zu

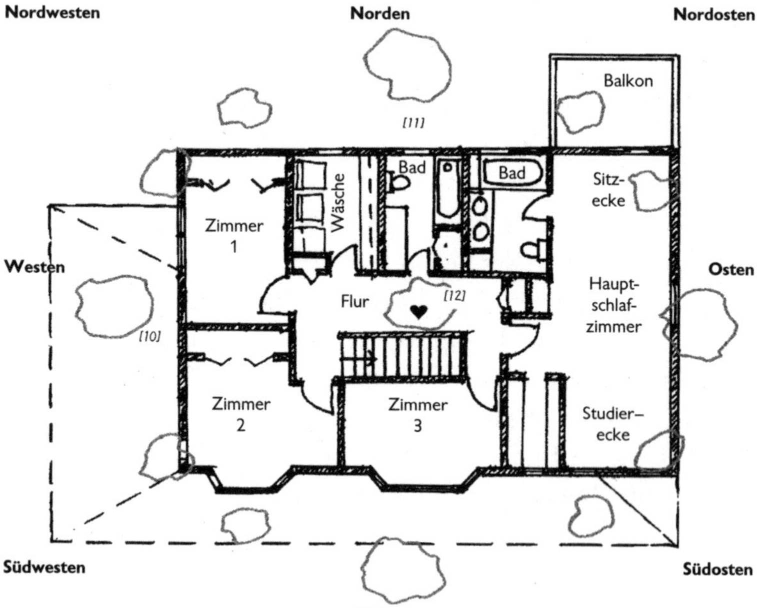

Abb. 4-4: Grundriß des oberen Stockwerkes mit übergelegtem indianischen Medizinrad.

machen, empfehle ich, ein Bild von Wasser, Delphinen oder einem Sonnenuntergang an die Flurwand zu hängen.

[11] Norden

Diesen Bereich nehmen der Wäscheraum und die beiden Badezimmer ein und bedeuten, daß die heilende Weisheit der Ältesten »den Abfluß 'runter geht«. Um einer solchen Wirkung gegenzusteuern, habe ich geraten, in jeden der beiden Räume wenigstens ein starkes aufwärtsziehendes Bild zu hängen, wie eines von Vögeln. Adler, Rotschwanzbussarde und Eulen beispielsweise besitzen genügend Kraft in den Flügeln, um sich dem herabziehenden Effekt zu widersetzen. Da die Fenster aller dieser Räume nach Norden blicken, würden Schattenpflanzen helfen, die überschüssige Feuchtigkeit zu absorbieren, während sie ein Heilungsversprechen ausstrahlen. Da das Obergeschoß die geistige Ebene des Hauses bildet, wäre hier auch die Kraft von Engeln oder Avataren wirksam, etwa durch Bilder von Buddha, Maria, Kwan Yin, Jesus, den Heiligen oder anderen göttlichen Wesen.

[12] Mitte

Der aus dem Flur und dem Treppenhaus bestehende Herzbereich ist wiederum beeinträchtigt. Da die Energie hier geerdet und gefestigt werden muß, wenden wir die gleichen Lösungen an wie vorher – nämlich Bilder von Bergen, Felsen, herzförmigen Gegenständen oder sogar Pyramiden.

Kapitel 5

Das keltische Rad

> Heute erhebe ich mich durch die Stärke des Himmels,
> das Licht der Sonne, die Mondstrahlen,
> den Glanz des Feuers, die Geschwindigkeit des Lichts,
> die Schnelligkeit des Windes, die Tiefe der See,
> die Festigkeit der Erde und Härte des Felsens.
>
> *altirisches Gedicht*

Die Kelten stammen vermutlich aus dem Osten Europas und siedelten in Teilen Spaniens und Italiens, in Frankreich, der Schweiz und Deutschland und begannen zwischen 700 und 100 v. Chr. in großen Zahlen auf den Britischen Inseln einzuwandern. Im Laufe der Jahrhunderte wurden sie durch Angeln, Sachsen und Normannen aus der Gegend verdrängt, die heute als England bezeichnet wird, was dazu führte, daß heute die meisten Menschen keltischer Herkunft aus Irland, Schottland, Wales, der Isle of Man, Cornwall und der Bretagne stammen.

Das Wort »Kelte« ist das griechische Wort für Fremde, bedeutete für die Römer aber Barbaren. Die Römer eroberten weite von den Kelten bewohnte Gebiete, später wurden ihre Siedlungsgebiete auch von germanischen Stämmen bedrängt.

Ihre Rückzugsgebiete in Irland mußten sie mit Tuatha de Danann, dem »Volk der Göttin Danu« teilen, denen man zuschrieb, durch die Dimensionen von Zeit, Raum und Materie reisen zu können. In Schottland waren es die Pikten, die einigen Historikern zufolge das in den Legenden mythisch beschriebene »Kleine Volk« gewesen sein sollen. Die Tuatha de Danann, große und schlanke Menschen mit großer Kraft, überlegenen handwerklichen Fähigkeiten und einer weit entwickelten Spiritualität, sollen sich mit den einwandernden Kelten vermischt haben, wobei Weisheit und Sitten beider Kulturen verschmolzen. Die Tuatha de Danann sollen die fünfte Gruppe gewesen sein, die auf den Britischen Inseln eingedrungen ist, die Kelten mit ihrer gälischen Sprache die sechste. Zu den Künsten der Kelten gehörte die Magie, die Zauberei und die Metallurgie, wie sich anhand der vielfältigen ausgefeilten und schönen Kunstwerke erweist. Ja, ihre Künste, Kenntnisse und spirituellen Praktiken sollen sich mit jenen der zeitgenössischen östlichen und afrikanischen Kulturen durchaus haben messen können.

Über die Geschichte der Kelten sind noch weitere Informationen durch Kontakte mit anderen Ebenen enthüllt worden, aber die Historiker blicken recht schräg auf Kenntnisse, die mit Hilfe derart unorthodoxer Methoden gewonnen wurden. Unumstritten ist jedoch, daß die Druiden – Dichter, Lehrer, Philosophen, Richter, Ärzte und Musiker der keltischen Stämme – außergewöhnlich gut ausgebildet waren. Als »Graduierte« von diesen Dichterschulen, sogenannte Barden, gingen sie noch zwölf bis zwanzig Jahre in die Lehre, bevor sie ihre Künste in den Gemeinden anwandten.

Anders als die Wissenschaftler, die die Elemente systematisch beobachteten, oder die Magier, die die Elementwesen freisetzten, arbeiteten diese Dichter und Schamanen mit den Elementen und studierten sie tief, nachdem sie ihr Wesen angenommen hatten.

Diese schamanische Art, Wissen zu erlangen, lernte ich zuerst als Kind kennen und später durch ein mehr formales Training. Wissen in diesem Sinne des Wortes entsteht durch die Erfahrung der *inneren Wirklichkeit* der Elemente, Bäume oder Tiere. Wenn ich zum Beispiel ein bestimmtes Gewässer verstehen lernen möchte, werde ich zu einem Teil davon. Indem ich mich auf meine Verbundenheit mit dem Wasser verlasse, bewege ich mich in seine Molekularstruktur hinein. Dabei geht es nicht darum, ins Wasser zu starren oder sich seine Zusammensetzung zu visualisieren. Vielmehr handelt es sich um eine Identifikation mit den Elementen selbst. (Eine einfache Einführung in diese Methode des Wissenserwerbs erhalten Sie in Übung 5).

Die Tiefe dieses durch die druidische Tradition erworbenen Wissens spiegelt sich in den feinen Mustern und Verknotungen der metallurgischen Kunst, welche in der Gaiamantie die Grundlage des keltischen Rades (Abb. 5-1) bilden. Dieses besondere Rad wurde von einem Knoten adaptiert, der aus dem *Book of Kells* aus dem zwölften Jahrhundert stammt. Die Eigenschaften, die jeder der Richtungen zugeschrieben werden, entsprechen mehr einem intuitiven Zusammenstückeln als es beim Bagua oder Medizinrad der Fall war. In China wurden nämlich schon sehr früh Zusammenhänge aufgeschrieben, und in Nordamerika wurden sie ritualisiert weitergegeben, während sie in der keltischen Welt verborgener blieben. Einige der Attribute stammen von Fundstücken, andere wurden durch keltische Legenden und Geschichten inspiriert, die zuerst von keltischchristlichen Mönchen im 13. Jahrhundert aufgeschrieben worden sind. Eine dieser Sammlungen, *The Book of Ballymote*, wurde im 14. Jahrhundert geschrieben und geht davon aus, – was Archäologen übrigens bestätigen – daß die Kelten in engen Stammesgruppen in solcher Harmonie mit dem Land lebten, daß es in ihrer Sichtweise keine Trennung zwischen Natur und Menschen gab.

Die Kelten selbst gaben ihre Nachrichten durch eine Sammlung geschriebener Symbole weiter, die als *Ogham* bekannt sind, ein binäres Liniensystem von 20 (ab dem Mittelalter 25) Zeichen, von denen jedes für einen Baum oder eine Pflanze steht. Dieses Baumalphabet wurde höchstwahrscheinlich auch für die Divination eingesetzt, um Führung zu bekommen, und als mnemonisches Hilfsmittel (Gedächtnisstütze) ähnlich der Bilderschrift der ägyptischen Hieroglyphen. Nach dem Verbot keltischer Praktiken durch Rom wurden die symbolischen Zeichen des Ogham bis ins frühe 17. Jahrhundert im Geheimen weitergereicht. Erst im 18. Jahrhundert wurden ernsthafte Versuche unternommen, diese Zeichen zu entziffern.

Die Druiden, die dieses Baumalphabet entwickelten, hatten ihre Weisheit jedoch nie direkt aufgeschrieben, sondern nur mündlich in Dichtung, Gesängen und Übertragungen zwischen Meister und Schüler weitergegeben. Abwehrzauber mittels des Ogham – ein geheimeres System als das Schreiben – waren ihre Methode, heiliges Wissen vor denen zu schützen, die es mißbrauchen könnten. Seltsamerweise ähneln die Ogham-Zeichen denen des I Ging und weisen so auf einen weiteren goldenen Faden durch die Manifestationen der Weisheit Gaias hin.

Besondere Kennzeichen

Die von Mönchen der frühen keltischen Kirche niedergeschriebenen Überlieferungen finden, zusammen mit dem einst im Ogham und in den Praktiken keltischer Spiritualität einge-

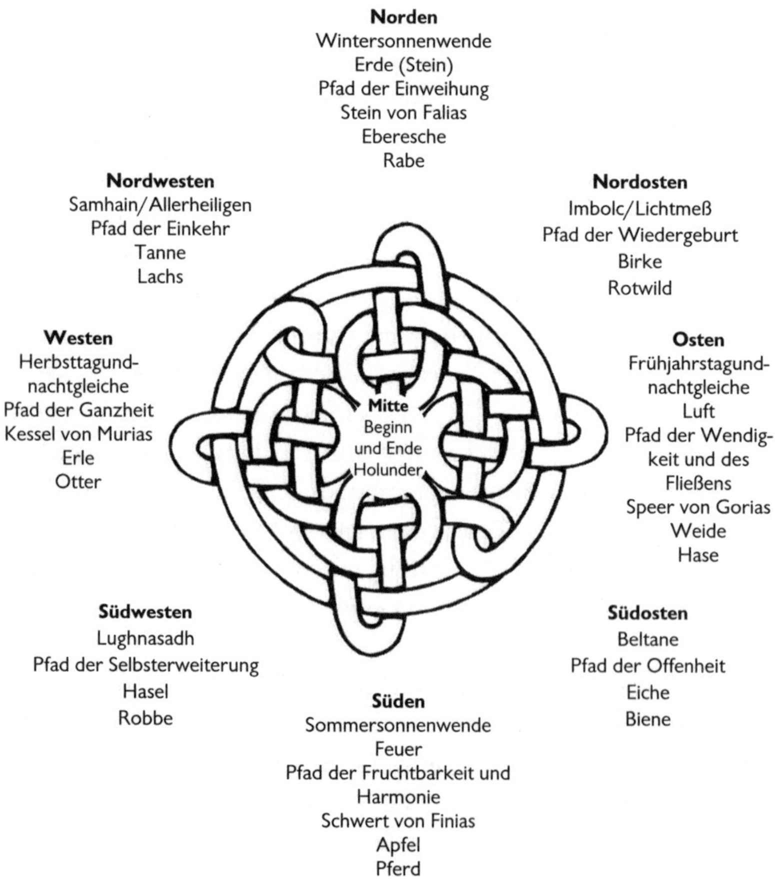

Abb. 5-1: Das keltische Rad.

faßten Wissen, einen Platz im keltischen Rad. Wie das Bagua und das Medizinrad ist dieses Rad gemäß den Himmelsrichtungen angeordnet und ehrt die Elemente und Facetten, oder Pfade, des menschlichen Lebens. Im Unterschied zu den anderen Rädern erinnert es an die Jahresfeste, an magische Gaben, heilige Tiere und Bäume, wie unten gezeigt wird.

Süden – Sommersonnenwende, Feuer, Pfad der Fruchtbarkeit und Harmonie, Schwert von Finias, Apfel, Pferd
Westen – Herbsttagundnachtgleiche, Pfad der Ganzheit, Kessel von Murias, Erle, Otter
Norden – Wintersonnenwende, Erde (Stein), Pfad der Einweihung, Stein von Falias, Eberesche, Rabe
Osten – Frühjahrstagundnachtgleiche, Luft, Pfad der Wendigkeit und des Fließens, Speer von Gorias, Weide, Hase
Mitte – Beginn und Ende aller Pfade, Holunder

In der Mitte zwischen diesen Hauptrichtungen befindet sich jeweils ein »Kreuzungspunkt« im keltischen Knoten. Sie stehen für die Wendepunkte des Jahres, für die Übergangszeiten der Kräfte.

Die durch das keltische Rad hervorgehobenen Feste rufen die Tagundnachtgleichen sowie die Sonnenwenden in Erinnerung. Die Kreuzungspunkte des Musters markieren die Feier von Lugnasadh, des Sonnengottes; Samhain, das keltische Neujahr und Fest der Toten; Imbolc, den Frühjahrsritus; und Beltaine, den Maifeiertag.

Jede der vier magischen Gaben wurde von einem Gott oder einer Göttin an eine der vier Hauptstädte der Tuatha de Danann verliehen: Finias, Murias, Falias und Gorias. Alte irische

Texte beschreiben diese Städte als »andersweltlich«, wobei die Kosmologie der frühen Kelten aus einer Mittelwelt (der physischen), den Anderswelten (den oberen Welten) und den Unterwelten bestand. Das Schwert von Finias, im Süden, glich dem Schwert Excalibur des Königs Artus; sein Träger war in einer Schlacht immer siegreich. Der Kessel von Murias, im Westen, sorgte für nie endende Nahrung und konnte die Zukunft zeigen. Der Stein von Falias, der nördlichsten Stadt, wurde als Schicksalsstein bezeichnet; diese riesige Kugel enthüllte die Vergangenheit, sagte die Zukunft voraus und schrie mit menschlicher Stimme, wenn sie vom rechtmäßigen König Erinns berührt wurde. Der Speer von Gorias, im Osten, war die Lanze von Lugnasadh, der wegen seiner nie fehlenden Zielsicherheit »langer Arm« getauft wurde.

Die kriegerischen Gaben waren mehr als bloße Waffen. Sie dienten zur Klärung. Das Schwert von Finias kann für uns wie für die frühen Kelten dazu dienen, Bande zu zerschneiden, die nicht mehr gebraucht werden. Gleichermaßen kann der Speer von Gorias gebraucht werden, um mit einem schnellen Streich all jene Muster zu vernichten, die unserem Gleichgewicht und der Harmonie im Wege stehen.

Die Bäume als eine weitere Eigenheit des keltischen Rades, wurden als »Völker« mit wundersamen Gaben angesehen. Die Kathedralen der alten Kelten waren Haine, ihre Schulen führten das Baumalphabet als eine Methode zur Erinnerung komplexer Informationen ein. Der sogenannte keltische Baumkalender geht auf Robert Graves und sein Buch »Die Weiße Göttin« zurück. Seine Quellen liegen im Dunkeln. Die Britischen Inseln waren zu keltischer Zeit noch von wunderbaren alten Wäldern bedeckt. Eichen lebten Jahrhunderte, Eiben Jahrtausende. Die hierfür das keltische Rad ausgewählten Baumarten können Erinnerungen an das Wissen wachrufen, das die Alten hatten (auch wenn diese Zuordnung nicht von den Kelten überliefert ist), und wichtige Lektionen in Achtung, Ehre und der stillen Kunst des Zuhörens vermitteln.*

Die englischen und ursprünglichen gälischen Namen der Bäume sowie ihre Eigenschaften sind die folgenden:

Apfel *(Quert)* – ein Baum, der viele saftige Früchte trägt, die sich bis in den Herbst und frühen Winter halten. Der Baum bietet sowohl Nahrung als auch ein anmutiges Blattwerk und dient somit als Quelle der Schönheit für die Seele. *Rufe den Apfel wegen seines süßen Wesens und wegen seiner Gaben der Fülle und des Saftes.*

Hasel *(Coll)* – ein Träger von Einsicht. Die Druiden – der Vermessung und des Rechnens kundig – benutzten Haselzweige, um nach Wasser zu muten. Wegen seines biegsamen Wesens wird dieser Baum auch mit der Vermittlung verbunden. *Rufe den Hasel wegen seiner Fähigkeit, unter die Oberfläche der Dinge zu sehen und die wahre Bedeutung deiner Gefühle zu »muten«.*

Erle *(Fearn)* – ein fruchtbarer, wasserliebender Baum, der mit großem Schwung wächst. Dieser Baum wird oft mit dem Labyrinth assoziiert und bietet denen Schutz, die sich auf dem Pfad der Ganzheit befinden. *Rufe die Erle, wenn du Hilfe bei schnellem Wachstum brauchst und ein Loch in deinem Leben mit Schönheit, Anmut und regenerativen Kräften füllen willst.*

* Das bislang umfassendste und gründlichste Werk über Bäume ist »Geist der Bäume« von Fred Hageneder, Neue Erde 1999.

Fichte *(Ailim)* – ein sehr hoch wachsender Baum, der heilende Kräfte überträgt. Dieser Baum unterstützt die Fähigkeit, sich über oberflächliche Eigenschaften zu erheben und eine distanziertere Perspektive einzunehmen. *Rufe die frisch duftende Fichte, wenn du dich über den hektischen Alltag erheben willst, um Zugang zum Flüstern der Intuition zu finden.*

Eberesche *(Luis)* – ein Baum, dessen Beeren (wie der Apfel) einen fünfzackigen Stern, ein Pentagramm oder Drudenfuß tragen, ein altes Schutzsymbol. Von den riesigen Ebereschenwäldern auf den Britischen Inseln glaubte man, daß sie ein Heiligtum der Feen waren. *Rufe die Eberesche, wenn du einen Beschützer brauchst.*

Birke *(Beith)* – ein graziöser, schlanker, wasserabhängiger Baum, der starkem Frost standhalten kann. Die Kelten verwendeten die Rinde dieses sieben bis zehn Meter hohen Baumes, um Körbe anzufertigen und Feuer zu entfachen. *Rufe die Birke, um dir dabei zu helfen, durch den läuternden Prozeß der Wiedergeburt alte Weisheit zu erlangen, was auf der Ebene der Zellen täglich geschehen kann!*

Weide *(Saille)* – ein Baum, der nahe dem Wasser wächst und gegen Krankheit schützt, indem er die durch stehendes Wasser entstehende Feuchtigkeit aufsaugt. Im Ogham repräsentiert dieser Baum die weiblichen Zyklen, die der Mondgöttin heilig sind. *Rufe die Weide zur Überwindung starren Verhaltens und enger Vorstellungen, um dich mit dem Fluß zu »beugen« und deine Füße fest geerdet zu halten, wenn du von Kopf bis Fuß vom Schicksal gebeutelt wirst.*

Eiche *(Duir)* – eine langsam wachsende Art, die eine Pfahlwurzel entwickelt, die tief genug reicht, um trockene Zeiten zu überdauern. Duir bedeutet Festigkeit, und tatsächlich verwandte man diesen starken und schönen Baum für Türen, Möbel und viele Teile der Häuser. *Rufe nach der langlebigen Eiche, wenn du stetige, tief verwurzelte Hilfe brauchst, während du dich zu einer neuen Karriere, Beziehung oder einem anderen Unternehmen aufmachst.*

Holunder *(Ruis)* – ein oft strauchartig wachsender Baum, der an geschützten Stellen bis zu mehr als sieben Metern Höhe heranwächst. Er ist bekannt wegen seiner medizinischen Qualitäten und seiner Fähigkeit, in sehr unterschiedlichem Boden zu wachsen. Im Baumkalender von Graves repräsentiert dieser Baum den dreizehnten Monat und versinnbildlicht die Erneuerung. *Rufe den Holunder, wenn Altes und Neues zusammenkommen und wenn du Hilfe brauchst beim Loslassen und Begrüßen.*

Die Tiere im keltischen Rad stammen von den vielen Führern und Lehrern, die in der alten keltischen Welt aktiv waren. Folgend finden sich ihre deutschen und gälischen Namen samt ihren Attributen:

Pferd *(Each)* – ein Führer zu anderen Ebenen. Die walisische Göttin Rhiannon reitet ein geschwindes weißes Pferd. Jahrtausende lang haben diese Tiere Menschen auf ihrem Rücken getragen. *Das Pferd wird dich zu deiner Bestimmung tragen – sei es physisch, emotional, mental oder spirituell – und dir als ein Freund zur Seite stehen.*

Robbe *(Roen)* – ein emotionaler Verbündeter. Die keltische Überlieferung berichtet von selchies (silkies), von Robben, die die Gestalt von Frauen annehmen konnten, während sie auf dem Lande ihre Robbenhäute versteckt hielten, um leicht ins Meer zurückkehren zu können. *Die Robbe wird dir helfen, die Tiefen deiner Gefühle auszuloten und – voll Vertrauen – in das große Unbewußte einzutauchen.*

Otter *(Dobhran)* – der Inbegriff der Verspieltheit und Freude. Dieses Tier macht aus jeder Situation ein Spiel. *Der Otter wird dich lehren, zu spielen statt zu ernst zu sein und in jedem Augenblick loslassen zu können.*

Lachs *(Bradan)* – ein Überträger von Durchhaltekraft. Dieser Fisch ist damit begabt, bei der Rückkehr zu seinem Ursprung große Hindernisse überwinden zu können. *Mit wilder Intensität wird der Lachs dir helfen, alle schwierigen Ziele zu erreichen.*

Rabe *(Bran)* – Führer zu einer klaren, durchdringenden Stimme. Dieses weise Wesen, das größer ist als sein Vetter, die Krähe, wird – wie auch der Koyote, die Taube, die Möwe und andere, die in unserer Mitte leben – abgewertet und seine Gaben nicht anerkannt. *Der Rabe wird dich zum universellen Bewußtsein führen und in Zeiten der Dunkelheit dein Verbündeter sein.*

Rotwild *(Eilid)* – Verkörperung der Weiblichkeit, Anmut und Schnellfüßigkeit. Cernunnos, der Grüne Mann der keltischen Legende, hat Hörner wie ein Hirsch. Und von Gestaltwandlern (vgl. Glossar) sagt man, daß sie häufig die Form von Rotwild annehmen. *Wenn du dich dem Herzen eines Waldes näherst, wird der Hirsch dich auf deiner Reise schneller voranbringen und unterstützen.*

Hase *(Gearr)* – ein Lehrer schneller und leiser Bewegungen. Dieses Tier ist größer und stärker als das Kaninchen und versinnbildlicht Kreativität und die Göttin. *Der Hase wird dir die »Eier« der Wiedergeburt und neuen Wachstums schenken.*

Biene *(Beach)* – eine Bestäuberin, die neues Leben zur Frucht bringt. Dieses Insekt hilft bei der Vermehrung von Blütenpflanzen und arbeitet gemeinsam an der Produktion von süßem Honig. *Die Biene wird dir dabei helfen, Arbeit zu finden, bei der du »summen« kannst.*

Eine Beurteilung nach dem keltischen Rad

Mit Hilfe der Struktur eines keltischen Rades werden wir nun den Grundriß einer Eigentumswohnung betrachten, die einem jungen Paar gehört, bei dem beide berufstätig sind und ihre Wohnung als ihren Hafen ansehen. Die Nord- und Südwände grenzen an die Nachbarwohnungen (siehe Abb. 5-2).

Wir betreten die Wohnung durch die Eingangstür im Südosten, wenden uns von dort direkt in den Süden und folgen dem Rad im Uhrzeigersinne (siehe Abb. 5-3). Behalten Sie wie jeweils zuvor ihr eigenes Haus oder Büro im Kopf, während wir uns durch die Räume bewegen.

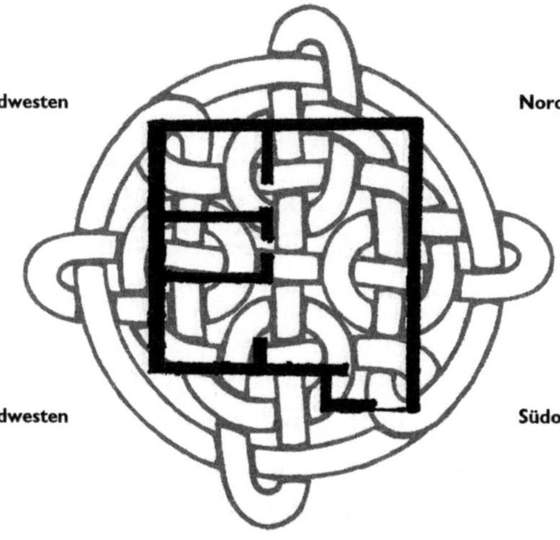

Abb. 5-2: Grundriß mit übergelegtem keltischen Rad.

[1] Süden: Sommersonnenwende (21. Juni), Feuer, Pfad der Fruchtbarkeit und Harmonie, Schwert von Finias, Apfel, Pferd

Dieser Bereich ist derjenige, in dem Saat zur Nahrung heranreift, zur Fülle auf allen Ebenen. Der Leerraum hier ist problematisch, denn der verlorene Raum muß zurückgewonnen werden, ohne in die Energie des Nachbarn einzudringen. Ein Bild von Fülle und Überfluß kann hier hilfreich sein, aber Bilder und Spiegel können auch »Fenster« zur anderen Seite der Wand bilden, was in den meisten Fällen nicht von Vorteil ist.

Ich schlug vor, einen kleinen Tisch an die Wohnungswand zu stellen und auf diesen Gegenstände, die Fruchtbarkeit und Überfluß repräsentieren. Das Paar wollte gern eine Naturszene

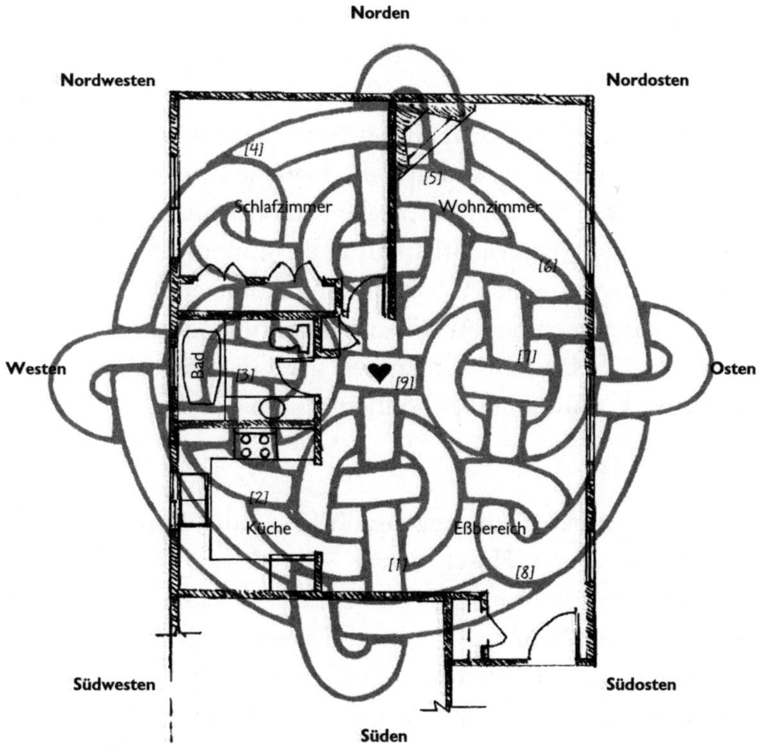

Abb. 5-3: Wohnungsplan mit übergelegtem keltischen Rad.

darüber hängen. Um eine Fensterbildung zu vermeiden, riet ich ihnen, ein altes keltisches Symbol (s. Abb. 5-4) auf die Rückseite des Bildes zu zeichnen. Dieses Zeichen versinnbildlicht ursprünglich die dreifache Göttin der keltischen Spiritualität und wurde später von der keltischen Kirche als Zeichen der Dreifaltigkeit übernommen. Man kann

Abb. 5-4: Keltisches Schutzsymbol.

es überall verwenden, wo Schutz vonnöten ist, besonders aber auf Reisen und sogar beim Verschicken von Paketen.

Weil die Wohnung keine Südfenster hatte, regte ich an, den Willen zur Fruchtbarkeit mit Symbolen einer produktiven Karriere zu füllen, denn durch die tägliche Arbeit kommt der Gewinn zustande – auf körperlicher, emotionaler und mentaler Ebene. Solche, die Fruchtbarkeit und Harmonie darstellenden Bilder können so einfach sein wie Blumensamen in einer schönen Schale. Auch der Apfelbaum kann hier als ein wirksames Lebenssymbol bemüht werden, wie auch die Kraft des Pferdes, die Liebe, Loyalität und Schönheit trägt.

[2] Südwest; Feier von Lugnasadh (31. Juli), Pfad der Selbsterweiterung, Hasel, Robbe

Dieser Bereich steht für die Zeit der langen Sommernächte, der Ernte und der Bildung von Ehe und Gemeinschaft. Hier dreht es sich auch um die Erziehung der Jugend, die Pflege eines Familiensinnes in gemeinsamer Arbeit und die gemeinsame Ausarbeitung von Dingen im Geiste der Zusammenarbeit. Welch ein vollkommener Ort für eine Küche – den Raum, der der Ernährung der Familie dient. Um die Wirkung von Wachstum und Zusammenarbeit noch mehr zu fördern, schlug ich Gegenstände vor, die auf eine reiche Ernte hinweisen, wie einen Korb voller Früchte, getrocknete Kürbisflaschen und Knoblauchgebinde.

Was bietet dieser Ort der Selbsterweiterung in Ihrem Haus oder Büro? Nährt er Sie im Wachsen und Gedeihen? Hilft er Ihnen dabei, sich in Ihrem Familienleben unterstützt zu fühlen?

(Wobei »Familie« Sie und Ihren Partner, Sie und die Kinder oder Sie und Ihren Goldfisch oder die Pflanzen meinen kann.) Wenn eine Förderung nötig ist, denken Sie an das Bild eines Haselstrauches, eine Schale mit ein paar Haselnüssen oder die Statue einer Robbe, die Ihnen sanft in die Gemeinschaft verhelfen können.

[3] Westen: Herbsttagundnachtgleiche (21. September), Wasser, Pfad der Ganzheit, Kessel von Murias, Erle, Otter
Die Jahreszeit des Westens erstreckt sich von der Herbst-Tagundnachtgleichen zum keltischen Neujahr an Samhain, das am 31. Oktober gefeiert wird. Es ist Zeit zu ernten, was wir gesät haben, und uns auf die langsameren, stilleren und eher nach innen gewandten dunklen Monate einzustellen.

Das hierher gehörige Element ist das Wasser, weshalb dies der beste Ort für das Bad ist, wo der Tageslauf mit Waschen, Verlangsamung und Reinigen endet. In diesem Bereich des Kessels zu baden ist gleichbedeutend damit, sich in den kosmischen Schoß zu tauchen, den Wohnsitz des Weiblichen. Um dem Paar auf dem Weg zur Ganzheit weiterzuhelfen, riet ich Ihnen, eine Schale mit ausgewählten Steinen auf das Regal zu stellen und damit die Weisheit und tragende Kraft zu ehren, die durch den Kessel der alten Stadt Murias versinnbildlicht wird. Ich schlug auch vor, die Kraft der Erle anzuziehen, um den herabziehenden Strömen durch die Ausgüsse entgegen zu wirken.

[4] Nordwesten: Feier von Samhain (Neujahr – 31. Oktober), Pfad der Innenschau, Fichte, Lachs

Der Bereich von Samhain bezeichnet sowohl die Neujahrsfeier als auch das Fest der Toten und dient als eine Erinnerung daran, sich auf das kalte Winterwetter vorzubereiten. Die alten Kelten glaubten, daß dieses Fest nicht nur den »Tod« des alten Jahres einläutet, sondern auch eine Gelegenheit bietet, den Totengeistern auf ihrem Weg weiterzuhelfen. Eine solche Hilfestellung wurde möglich durch das Dünnerwerden des Schleiers zwischen den Welten, das am Ende dieses Monats, den wir als Oktober kennen, zustandekommt und zur Gemeinschaft mit den Vorfahren und anderen einlädt. Der dünner gewordene Schleier erhöht die Möglichkeit der Kommunikation mit den Vorfahren oder mit anderweltlichen Führern. Die Kelten hielten diese Zeit auch für die förderlichste zum Wandeln der Gestalt oder zum Annehmen anderer körperlicher Formen wie etwa denen von Tieren.

Da die Öffnung zwischen den Welten vielen Christen Angst machte, wurde Samhain schließlich in Halloween umgewandelt, einen Tag, an dem man sich in den Vereinigten Staaten als Skelett oder Gespenst verkleidet, was an die Toten erinnert, und nachts herumzieht, um Süßigkeiten zu erbetteln. Im neunten Jahrhundert übernahm die Kirche noch Spuren von Samhain, indem am 1. November Allerheiligen eingesetzt wurde, wo die Heiligen um Mitternacht hervorkommen, um die ruhelosen Toten in ihre Gräber und die Dämonen zurück in die Hölle zu treiben. Am 2. November, an Allerseelen, wurden die Toten geehrt. Heute ehren die Kinder an katholischen Schulen die Toten am 31. Oktober, indem sie in der Kirche Kerzen anzünden, die Messe besuchen und sich dann in erschreckende Kostüme kleiden, um nachts herumzuspuken. Sich auf diese Weise in die Dunkelheit hineinzubewegen, symbolisiert eine Vertiefung der Innenschau.

Das Schlafzimmer dieser Eigentumswohnung liegt genau richtig, um den inneren Brennpunkt im Nordwesten zu fördern. Um diese Erfahrungsweise noch weiter zu steigern, schlug ich dem Paar vor, ihre Vorfahren durch Fotos oder Erinnerungsgegenstände in diesem heiligen Bezirk zu ehren und den Raum mit einer kleinen Fichte zu schmücken, um die Bewohner für das zarte Flüstern der Intuition offen zu halten. Außerdem könnten sie das Bild eines Lachses aufhängen, das ihnen bei der Überwindung scheinbar unüberwindlicher Hindernisse hilft. Der Pfad der Innenschau führt unmittelbar zur persönlichen Verantwortung, zur Anerkennung der eigenen Heiligkeit und schließlich zum Pfad der Initiation im Norden.

[5] Norden: Wintersonnenwende (21. Dezember), Erde (Stein), Pfad der Einweihung, Stein von Falias, Eberesche, Rabe

Dieser Ort des Innehaltens, der Stille und des Schweigens ist die Heimat von Cernunnos, dem Grünen Mann, der auch als der Gehörnte bekannt ist oder als Pan. Er soll lange vor Ankunft der Menschen auf dem Planeten gelebt haben und stammt aus der Anderswelt, so wie Falias von den Tuatha de Danann stammt. Das Wort Falias kommt von Faland, der nördlichsten Stadt der keltischen Britischen Inseln, die bekannt war für die Weitergabe von Weisheit und Gelehrsamkeit. Deshalb geht man nach Norden, um Weisheit und Rat zu erlangen, denn beides wird durch die Intuition gewonnen. Wer die Reise auf sich nimmt, befindet sich auf dem Einweihungsweg.

Der Norden ist ein guter Ort für ein Wohnzimmer mit einem Kamin. Denn zur Wintersonnenwende, dem kürzesten Tag des Jahres, werden Freudenfeuer entzündet, um die Wiederkehr des Lichts zu begrüßen, auch wenn noch kalte Monate vor uns liegen. So können die Bewohner dieser Wohnung sich gemütlich und warm um das Feuer versammeln, um Geschichten zu erzählen und dabei Funken alter Weisheit heraushören.

Ich schlug dem Paar ferner vor, die Eberesche anzurufen, um ihre Langlebigkeit und ein harmonisches Altern zu fördern. Wie die Zedern des Libanon, konnte man auch diese Bäume lange vor Auftauchen des Landes vom Meer aus sehen. Die beiden entschieden sich dann noch, hier ein Rabenbild aufzuhängen, um ihren Lebensraum zu schützen.

[6] Nordosten: Feier von Imbolc (31. Januar – 1. Februar), Pfad der Wiedergeburt, Birke

Hier tritt man aus der Dunkelheit wieder ins Licht – ein Übergang, an den das Fest Imbolc (Lichtmeß) erinnert, welches die Frühlingsriten aufgreift. Der folgende Tag, der 2. Februar, erweist Brighid die Ehre, der Tochter des Dagda, des gälischen Allvater-Gottes der Erde, die in der christlichen Überlieferung als Hl. Brigitte bekannt ist. Brighid symbolisiert die Fähigkeit der Frühlingsjungfrau, die welkende Greisin des Winters zu überwinden, und ist die Hüterin des Herdes und des Viehs, denn dies war auch der Beginn des Lammens. Auch Birken sind bekannt für ihre schützenden Eigenschaften auf diesem Pfad der

Wiedergeburt, denn nach ihrem Tod erneuern sie den Wald mit dem in ihrem Leib enthaltenen Reichtum.

Derjenige Bereich des Wohnzimmers, der sich in den Nordosten erstreckt, erweist dem Kommen des neuen Lichtes, der neuen Ideen und Lebensweisen die Ehre. Um es als einen sicheren Hafen herauszustellen, riet ich, es angemessen mit Symbolen neuen Wachstums aus allen Lebensbereichen zu versehen und Brighid um Hilfe und Heilung anzurufen. Das Rotwild, der Wohltäter in diesem Abschnitt, wurde angerufen, um ihn mit einem heimeligen Gefühl zu erfüllen.

[7] Osten: Frühjahrstagundnachtgleiche (21. März), Luft, Pfad der Wendigkeit und des Fließens, Speer von Gorias, Weide, Hase

Der Osten wird von Gorias beherrscht, dem Speer des Lug, des Sonnengottes. Der Krieger, der diesen Speer hält, gewinnt jede Schlacht, weil er sich angesichts von Widerstand seines Zieles völlig sicher ist. Hier findet wiederum die Alchemie des Metalls, sichtbar in dem Speer, statt, wo die Elemente zur Schaffung neuer Materie zusammengebracht werden. Das im Osten vorherrschende Element ist jedoch die Luft. Mit der Frühlingsluft strömt ein Gefühl der Geisterfüllung herein, der Inspiration, des Daseins im Geiste. Im keltischen Divinationssystem ist dieser Ort des Hervortretens aus den langen Wintermonaten durch Lämmer, Eier und den magischen Hasen versinnbildlicht, den Herold des Frühjahrs.

Wo das Wohnzimmer sich nach Osten wendet, öffnet es sich für die kindlichen Kräfte der Frühlings-Tagundnachtgleiche, die erfüllt ist von Knospen, herrlichen Sonnenaufgängen und der Hoffnung für das kommende Jahr. Um den Einsatz der in den dunklen Monaten gelernten Lektionen zu betonen, regte ich an, belebende Bilder der Weide in einer wiedergeborenen Welt hinzuzufügen. Dieser Baum kann Lehren erteilen, wie man unter großem Druck flexibel bleibt.

[8] Südosten: Fest von Beltaine (1. Mai), Pfad der Öffnung, Eiche, Biene

Der Südosten erweist der freudigen, sinnlichen und spielerischen Feier vom Beltaine, dem Maifeiertag, die Ehre – eine Zeit des Spaßes, des Tanzens und der Sexualität. Der Maibaum zeigt selbst eine Verschmelzung des Phallischen und des Runden, das mit den Bändern des Lebens verwoben ist.

Da das Eßzimmer diesen Raum einnimmt, ist es gut geeignet, das Strahlen Beltaines farbenfroh mit Bildern von Tanz, Essen, Freude und Helligkeit zu feiern. Ich hob die Bedeutung von Rosen hervor, die diesen Pfad des Öffnens und der Fruchtbarkeit im Leben unterstreichen. Ich riet dem Paar, die Biene als Hüterin des Südostens anzurufen, damit sie ihnen den Weg zum honigschweren Stock zeigt. Ich betonte auch die Bedeutung des Eßzimmers zum Anpflanzen von Ideen und Träumen, denn hier können sie reifen.

Im südöstlichen Abschnitt des Hauses möchte man vielleicht ein eichenes »Traum-Kästchen« hinstellen, das Aufzeichnungen von Visionen aufnimmt, die man verwirklichen möchte. Auf die stetige, verläßliche Eiche kann man zählen, wenn man die eigenen Hoffnungen und Träume festhalten will. Wenn Sie ein solches Hilfsmittel benutzen, achten Sie darauf, Ihre Absichten ständig zu erneuern und das Kästchen frischzuhalten.

[9] Mitte: Herz, Beginn und Ende aller Pfade, Holunder
Hier herrscht der Geist. Nach der keltischen Mythologie nähert sich jeder, der durch ein Labyrinth reist, dem Herzen der Göttin und befreit festsitzende Energie.

Mit dem vorliegenden Grundriß läßt sich diese Aufgabe leicht erfüllen, denn der mittlere Bereich ist recht offen. Damit die Badezimmertür den Herzbereich nicht stört, schlug ich vor, ein Bild von einem Wald an die angrenzende Wand zu hängen oder einen kleinen Holztisch dagegenzustellen, der den Lebensbaum darstellt.

Denken Sie daran, das Herz Ihres Platzes ebenso frei und fließend zu halten. Während Sie Ihre Absicht zur Pflege eines gesunden, stetigen und liebevollen Herzens für Ihr Haus oder Ihren Arbeitsplatz formulieren, stellen Sie sich vor, ins Herz Gaias zu reisen.

Teil II

Aufbruch

Kapitel 6

Der Bezug zu den Elementen

Wie Merlin
möcht' ich durch die Wälder wirbeln.
Was die Stürme blasen,
Was der Donner grollt,
Was die Blitze zischen,
Was die Bäume reden,
wenn sie knacken,
würd' ich wie Merlin wissen ...

Lenau, »Merlin«

Eine der besten Möglichkeiten, Ihre Arbeit mit den Rädern zu vertiefen, liegt in der Entwicklung einer Beziehung zu den Elementen bei der Arbeit in ihrem jeweiligen Bereich. Die meisten abendländischen Geomanten betrachten die Elemente Erde, Luft, Feuer und Wasser als die Bausteine allen physischen Lebens auf unserem Planeten; andere Kulturen wie die Chinesen fügen dem noch die Elemente Holz und Metall hinzu. Nachdem die Chemiker die ursprünglichen Grundbausteine zerbrochen haben, kamen sie zu einer Tafel mit 106 Elementen, von denen jedes die Sehnsucht des Lebens nach der Ganzheit ausdrückt. Diese Elemente wiederum setzen sich als Protonen, Elektronen, Quarks und dem »Nichts« zwischen ihnen zusammen, welches die wahre Quelle allen Lebens ist.

Wir sind mit den Elementen zuinnerst verbunden, denn sie existieren innerhalb und außerhalb unseres Körpers. Die alten Maya-Kulturen gingen so weit, die Menschen als »beseelte Erde« zu bezeichnen. Wenn wir in solchen Begriffen denken, können wir förmlich sehen, wie unsere Leiber sich aus dem Land erheben und Atom für Atom zu Fleisch und Blut verwandelt werden, »ein Knochen hier, eine Sehne dort«, wie die Elemente sich selbst zu Teilen des menschlichen Organismus geformt haben.

Während wir uns mit den Elementen vertraut machen, fragen Sie sich vielleicht: Bin ich tatsächlich *so* eng mit dem Kosmos verbunden? Wenn Ihr Verständnis der Elemente sich erweitert, werden Sie tatsächlich in der Lage sein, die Geister der Erde, der Luft, des Feuers, des Wassers, des Metalls und des Holzes zu sehen, zu hören und anzufassen – Wesen, die aus ihrer überfließenden Liebe heraus Ihnen einen Körper geliehen haben, mit dem Sie das Leben auf der Erde erfahren können. Die Steinvölker, die Pflanzenvölker, die Geflügelten und die Vierbeiner sind physisch ebenfalls von den Elementen erschaffen worden und deshalb Verbündete, die begabt sind, Ihnen bei Ihrer Suche nach Gleichgewicht und Harmonie zu helfen.

Das folgende Material wird Ihnen helfen, sich tiefer auf die Elemente einzulassen. Mit der Zeit werden Sie *fühlen* können, wie sich das Ch'i auf Ihre Umgebung auswirkt und schließlich die feineren Energien Ihres Wesens beeinflußt. Diese Empfindungen führen Sie, wenn Sie einen Raum oder Ihren Hof umgestalten oder ein kniffliges Problem in Ihrem Eingangsbereich zu lösen haben. Je mehr Sie sich für diese Elemente und ihr Wissen öffnen, um so mehr wird sich die körperliche, verstandesmäßige, gefühlsmäßige und geistige Ebene Ihrer Vitalität und Ihres Wohlbefindens heben.

Erde

In der Klarheit des klaren Kristalls
In der Tiefe des dunklen Felsens
Im Gewicht des Stoffes der Welt
In der Formung stillen Gesteins
In den Knochen der Dunkelheit des nackten Globus
Ist die Gestalt der Erde gebildet.

Lenau, »Merlin«

Wußten Sie, daß ein Drittel aller Menschen in Erdhäusern leben? Oder daß menschliche Knochen, Muskeln, Organe, Gewebe und Haut aus dem gleichen Stoff wie die Erde bestehen? Es ist sicherlich leicht, sich an die Lehrbuchversion zu halten, die Erde sei ein unbelebter Körper, der durch ein mathematisch geordnetes lebloses Sonnensystem kreist. Die Wirklichkeit ist aber, daß wir auf Gaias Körper leben und Nahrung und Form von ihrer Fülle erhalten.

Beginnen Sie, wenn Sie eine Beziehung zum Erdelement aufbauen möchten, mit der Wiedereinbindung in die geistigen Kräfte Gaias Am Ende werden sie mit ihnen »reden«, wenn Sie über das Land gehen, für das Sie verantwortlich sind und dessen starke und schwache Punkte Sie herausfinden sollen. Sie können dem Geist Gaias begegnen, indem Sie um Erlaubnis bitten, bevor Sie Ihren Fuß auf Ihr Stück Land setzen, wie es die Schamanen im alten Hawaii machten, bevor sie einen Wald oder Dschungel betraten, um mit den grünen Leuten zu reden oder Heilpflanzen zu sammeln. Es ist wichtig, im Austausch eine kleine Gabe dortzulassen, etwa eine Handvoll Samen, eine Haarsträhne oder sogar Spucke. Beachten Sie diese kleinen Höflichkeiten auch, wenn Sie Steine oder Pflanzen sammeln oder wenn Sie in der Erde graben.

Wenn Sie keine solche Beziehung durch gegenseitiges Geben und Nehmen aufbauen, dann kann das Auswirkungen auf Ihre Fähigkeit haben, vom Erdelement zu lernen, wie es bei einer Frau der Fall war, die mich einmal bat, eine Beurteilung für das Haus zu machen, das sie mit ihrem Mann zusammen bewohnte. Wenn ich eine Beurteilung durchführe, dann vermittle ich zwischen den Menschen und ihrer Umgebung, obwohl meine Absicht ist, mich selbst letzten Endes überflüssig zu machen. Ich verbrachte also bei verschiedenen Gelegenheiten mehrere Stunden im Hause dieses Paares und sprach dabei mit den Geistern des Bodens, des Hauses und den Führern und Wohltätern des betreffenden Paares. Dann setzte ich mich mit dem Ehepaar zusammen, um ihnen zu erklären, was ich erfahren hatte, und die Vorschläge, die ich erhalten hatte, weiterzugeben.

Die Frau aber stritt mit mir über jeden einzelnen dieser Vorschläge. Verblüfft versuchte ich, ihr alles genau zu erklären, aber vergebens. Schließlich wurde mir klar, daß ich nicht nur die ganze Arbeit allein machte, sondern daß sie auch etwas gegen die Erdverbundenheit meiner Interaktionen mit ihrer Umgebung hatte. Sie ging so weit mir zu sagen, alles von der Erde Kommende sei »unspirituell«, und ich müsse mich an die

Sphäre der Engel wenden, um »echte« Antworten zu bekommen.

Ich werde diesen Leuten für die Lektion, die sie mir erteilt haben, ewig dankbar sein: daß nämlich die Illusion der »Beflecktheit« der Menschheit aus einem Nebel geboren wird, der mit den Ängsten und der Gier der Menschen zu tun hat, aber nicht von Gaia selbst kommt. Der Punkt ist, daß die Antworten echt waren und sich als äußerst hilfreich erwiesen, wie es auch bei Ihnen der Fall sein wird, sofern Sie die Quelle im Boden unter Ihren Füßen ehren.

Abgesehen davon, daß Sie um Erlaubnis fragen und eine Dankesgabe hinterlassen, können Sie sich auch durch Gartenarbeit mit der Erde verbinden. Im Garten zu arbeiten, ist eine »summende« Daseinsweise. Die langsamen, rhythmischen Bewegungen versetzen uns in einen Bewußtseinszustand, der reich an Informationen ist. Ob Sie nun auf einem Morgen Land Nahrung für die Familie anbauen, in einem kleinen Stadtgarten Kräuter ziehen oder auf dem Balkon eines Appartements Topfblumen halten – alle Ihre Interaktionen mit der Erde bringen Ihnen mehr ein als den Schmutz unter Ihren Fingernägeln; sie erfüllen Sie mit Süße, Freude und Weisheit!

Ein dritter Weg, unmittelbare Informationen von Ihrem Stück Land zu bekommen, besteht darin, etwas Erde von einer ungestörten Stelle – unter einem Baum oder Stein – auf den Finger zu nehmen und ein kleines Bißchen davon an die Zungenspitze zu bringen. Der Geschmack der Erde wird Ihnen sagen, ob sie süß oder sauer ist, reich an Energie oder aller Lebenskräfte entleert. Die Verwendung der Zunge mit ihrer zuverlässigen Unterscheidungsfähigkeit ist eine idiotensichere Methode, eine

Verbindung zum Land herzustellen und zu den dort wohnenden Schutzgeistern, dic noch auf der Ebene der Zellen besteht. Viele Babies stopfen sich die Erde mit vollen Händen in den Mund, und das oft mit Begeisterung. Während sie die Erde essen und voll Eifer die Verbindung mit diesem Element zu erfahren suchen, läuft die Mutter panisch hinterher und hindert sie darin, weil doch die Erde »schmutzig« und »schlecht« ist. Ich muß zugeben, daß auch ich mich so verhalten habe, als mein Sohn noch klein war. Es bedarf starker Selbstbeherrschung, nicht zu dem durchdringenden Nebel in unserer Mitte beizutragen, aber ein paar eigene Geschmacksproben werden helfen und Ihnen einen Sinn für die Welt vermitteln, die in einem Sandkorn verborgen ist.

Je häufiger Sie mit der Erde in Verbindung treten, um so wahrscheinlicher entwickeln Sie eine sinnliche Beziehung zum Erdboden. Sie werden den Geruch lieben lernen – besonders nach einem Regen oder auf dem Weg durch einen Wald, der mit sattem Lehm bedeckt ist. Manchmal werden Sie sich gedrängt fühlen, hinabzureichen und eine Handvoll Boden aufzunehmen oder Ihre Finger durch das Seidige und Klumpige seiner Teilchen zu ziehen. Bei manchen Menschen entzündet es eine ekstatische Erfahrung, die Erde zu sehen, zu hören, zu schmecken, zu riechen und zu berühren. Anderen vermittelt es ein Gefühl tiefen Glücks. In beiden Fällen erweckt der daraus folgende Zustand ein neues Bewußtsein der wechselseitigen Verbundenheit mit diesem großartigen Element. Um das erlangte Bewußtsein zu vertiefen, können Sie mit Übung 2 arbeiten.

Übung 2
Verbindung mit den Erdgeistern

Dies ist ein Ritual, das Sie auf jedem Flecken Land ausführen können, den Sie bewohnen, sei er mit üppiger Vegetation bedeckt, mit Asphalt oder Beton: Schaffen Sie einen Altar für die Geister der Erde. Durch ein solches Zeichen der Anerkennung, der Achtung und guten Nachbarschaft geehrt, werden diese Geister Ihnen bei der Beurteilung des Landes und der Gestaltung einer möglichst harmonischen Umgebung behilflich sein. Sie sind sehr diensteifrig und begierig, Wohltäter für Sie und Ihre Familie oder Ihre Geschäftsfreunde zu sein. Sie erwarten nur, daß Sie ein guter Nachbar oder ein gute Freundin sind.

Der Altar kann aus einem einfachen Stein bestehen oder so ausgefeilt sein wie Sie möchten. Es kommt am meisten auf die damit verbundene Absicht an. Das Land, für das ich verantwortlich bin, wird zum Beispiel von einer Anzahl besonderer Steine überwacht, von einer Statue der Kwan Yin und einem Buddha. Vielleicht ziehen Sie für Ihren Altar eine Statue der Maria, des Franziskus oder ein schönes Stück Holz vor. Wofür auch immer Sie sich entscheiden, laden Sie es auf mit guten Absichten; und verstärken Sie diese jedes Mal, wenn Sie es sehen.

Statt Gegenstände zu wählen, die von anderen Kulturen verehrt werden, sollten Sie verwenden, was mit Ihnen in Resonanz steht – und dabei Ihrem Gefühl vertrauen! So wichtig es ist, gegenüber den alten Wegen eine ehrfürchtige und respektvolle

Haltung einzunehmen, so wesentlich ist es doch, daß Sie persönlich Freude an der Verbindung haben, die Sie mit den Erdgeistern herstellen.

Luft

Von Luftströmen getrieben
Im Zorn des Hurrikanes wirbeln
Pfeifen im Winterwind
Rauschen im Hauch einer Brise
Und durch den tobenden Sturm wüten
Die Freiheit der Luft atmen.

Lenau, »Merlin«

Luft ist Atem. Ohne sie können wir nur wenige Minuten lang leben. Eingeatmete Luft bringt unseren Zellen und unserem Blut lebenspendenden Sauerstoff. Ausgeatmete Luft ist eine »Rückgabe« an den Kosmos, eine Weise, unser Dasein mit dem aller anderen zu vermischen.

Luft ist auch der Wind, Atem des Planeten. Fühlt es sich, wenn eine Brise still wird, nicht an, als würde der Planet die Luft anhalten? Wenn auf der anderen Seite der Wind in Bewegung ist, kann alles geschehen: Er kann uns streicheln, uns umhüllen oder uns von den Füßen reißen. Meistens ist der Wind zu den Menschen freundlich, und wenn er um Hilfe gebeten wird, dann hilft er mit. Wenn Sie nach draußen gehen und mit dem Wind zu reden beginnen, dann kommt er vielleicht zu Ihnen und berührt sanft Ihr Gesicht, wirbelt vorsichtig um Sie herum wie ein treuer Gefährte.

Da das Element Luft unsichtbar ist, haben manche Menschen Probleme, es zu verstehen. Man kann es gut kennenlernen, indem man Vögel im Fluge beobachtet. In der Spreize ihrer Flügel können Sie die Luftströme über und unter einer jeden Feder förmlich sehen. Vögel haben eine enge Partnerschaft mit der Luft – etwas, das ich jeden Tag neu entdecke, wenn ich die paar Meilen von meiner Insel zur Küste von Washington State fahre. Eine der vielen Freuden des Lebens auf einer Insel ist es, mit der Fähre zum Festland fahren zu müssen; und es gehört zu den größten Genüssen bei der Überfahrt zuzusehen, wie die Möwen die Fähre zu ihrem Ziel begleiten. Wenn sie vor dem Fenster des Kapitäns fliegen und den Weg zeigen, dann scheinen sie förmlich stolz zu sein auf ihre selbsterkorene Verantwortung und Freude zu haben an der Ausnutzung der Luftströme.

Eine andere Möglichkeit, die Luft kennenzulernen, besteht in vertieftem Atem. In unserer Kultur neigen wir dazu, den Strom der Luft durch unsere Lungen durch flaches Atmen zu begrenzen. Dazu tragen unser hektischer Lebensstil und die zum Teil beengende Kleidung bei, etwa Schlipse und enge Kragen. Wenn Sie das Bedürfnis spüren, freier zu atmen und die Weisheit der Luft schätzen zu lernen, versuchen Sie Übung 3. Mit einiger Übung können Sie sich nicht nur Ihres eigenen, sondern auch des Atems des Planeten und des Universums bewußt werden.

Übung 3
Volle Bauchatmung

Führen Sie diese Übung täglich durch, um die Kapazität Ihrer Lunge zu erweitern und sich mit Ihrem Atem zu verbinden.

❧ Sitzen Sie aufrecht mit entspannten Schultern. Nehmen Sie einen langsamen tiefen Atemzug, wobei Sie die Luft durch die Nase einziehen hinab bis an den Boden Ihrer Lunge und dabei den Bauch nach außen entspannen.

❧ Halten Sie den Atem ein paar Sekunden lang an, bevor Sie ihn langsam ausströmen und Ihren Bauch sich wieder nach innen bewegen lassen.

❧ Atmen Sie noch sechs weitere Male ein, halten an und atmen wieder aus. Wenn Sie sich dabei leicht im Kopf fühlen, atmen Sie ein paar Minuten lang normal, bevor Sie wieder zur vollen Bauchatmung zurückkehren.

❧ Wenn Sie mit dieser Übung gut zurecht kommen, fügen Sie die folgende Visualisierung hinzu: Stellen Sie sich vor, mit jedem Einatmen unendliche Liebe und Segen einzuatmen, und mit jeder Ausatmung entlassen Sie diese wieder als *Ihren* Segen ins Weltall.

Feuer

Wut der lodernden Flammen
Flucht ihrer tanzenden Gestalten
Hitze der Sonne am Himmel
Feuer ihrer himmlischen Sphäre
Und der Sproß springt dem sich ausbreitenden Himmel entgegen
Flamme mit Feuers Kraft.

Lenau, »Merlin«

Feuer ist der Brennstoff unserer Organe, es wärmt unseren Atem, erhitzt das Blut in unseren Adern und erneuert die Billionen Zellen. Vom Feuer, das die Schöpfung entzündet hat, bis zur Flamme, die bei der Befruchtung Ei und Samen zusammenführt, hat dieses Element sich in das menschliche Gedächtnis eingegraben. Und unser Wissen von ihm geht noch weiter, denn unser im Feuer gezeugter Planet erneuert sich immer wieder durch die Abgabe von geschmolzenem Gestein. Obwohl die verzehrende Kraft des Feuers uns oft erschreckt, setzten viele alte Kulturen es mit Läuterung gleich. Einige stellten sich das menschliche Herz als ein Feuerorgan vor, welches reinigende Flammen durch den Körper pumpt.

Im Sommer 1995 lernte ich die reinigende Kraft des Feuers kennen, als mein Vater starb und verbrannt wurde. Als ich von der Beerdigung zurückkam, stand ich auf dem Land, das ich betreute vor einem riesigen brennenden Holzstoß. Das stark bewaldete Gelände war gerodet worden, um Platz für Gebäude und einen Ritualplatz zu schaffen. Deshalb war das Feuer sehr groß. Als es brannte, tanzte ich mit den Elementen; das Feuer war so heiß, wie es nur sein kann. Die Luft nährte es mit ihrer Kraft, die Erde trug es und begrenzte es, und das Wasser sang im Holz. Ich tanzte sogar mit dem Wasser, das ich um das Feuer herum sprühte, damit die Flammen sich nicht weiter ausbreiteten. Manchmal wurde das Feuer so heiß, daß ich es darum bat, sich zu besänftigen, worauf es auch gut reagierte. Indem ich diesen brennenden Holzstoß vier Tage und Nächte lang bewachte, verband ich mich mit dem Feuerelement und begann, alte aufgestaute Gefühle und Vorwürfe in die Flammen zu werfen. Und während ich beobachtete, wie diese verzehrt und verwandelt wurden, empfand ich ein tiefes Gefühl der Erleichterung. Diese Erfahrung war auf doppelte Weise heilend, denn ich hatte seit Kindertagen immer Angst vor Feuer gehabt, nachdem ich im Alter von zwei Jahren schwer verbrannt worden war.

Wenn Sie selbst diesen ehrfurchtgebietenden Geist des Feuers entdecken wollen, dann rufen Sie die Macht Peles an, der hawaiianischen Göttin des Feuers und der Vulkane. Suchen Sie jederzeit ihre Hilfe, wenn Sie eine intensive Reinigung zur Verbrennung von emotionalem »Müll« brauchen. Aber Vorsicht! Pele verwandelt nicht nur altes Leben in neues, sondern ist auch eine wilde Beschützerin – wie viele Reisende bemerken mußten, die einen von ihren Lavabrocken mit nach Hause genommen hatten. Die Touristenbüros in Hawaii erhalten jede Woche Hunderte Pfund Lavasteine zurück.

Eine weitere Art, den Geist des Feuers zu erleben, besteht darin, in die hohlen Hände zu atmen und die »Flammen« unseres Atems zu spüren. Oder stellen Sie sich in die Wärme der Sonne. Und danken Sie dabei für das Leben, das dieses brennende Wesen uns hier auf Gaia ermöglicht.

Wasser

Das Schwellen des spritzenden, schwappenden Meeres
Das Plätschern ausgewaschener Wellenrinnen
Der glitzernde, wirbelnde Wildbach
Die taumelnden, blinkenden, fallenden Tropfen
Und die sonnenhelle Stille des ruhigen Sees
Weben die Wasserwelt.

Lenau, »Merlin«

Wasser ist ein weiterer Gefährte seit langer Zeit. Zwischen 75 und 90 Prozent des menschlichen Körpers bestehen aus diesem Element. Und wir leben auf einem aus Wasser bestehenden Planeten. Die Bewegung der Gezeiten, die Strömungen des Meeres, die Flüsse und Bäche unterscheiden sich in gewissem Sinne nicht von der Ebbe und Flut der Flüssigkeiten in unserem Körper. Wasser reinigt und salbt uns auch, zunächst als Neugeborene und später bei unserem Tod.

Ich selbst zum Beispiel habe selten weiter als ein paar Stunden von einem Gewässer entfernt gelebt. Ich wuchs am Pazifischen Ozean auf und zog dann an den Atlantik, später ans Mittelmeer, an die Ägäis, die Adria und das Ionische Meer. Ich habe auch an Flüssen, Seen, Bächen und Heilquellen gewohnt. Und unsere großen Städte liegen ebenfalls meist an Flüssen. Offenbar haben unsere Vorfahren instinktiv gewußt, was die Wissenschaft heute bewiesen hat: daß bewegtes Wasser durch die Entstehung negativer Ionen Angst und Depression mindert, besonders die Winterdepression; daß es kognitive Fähigkeiten verbessert, Kraft gibt und den Schlaf verbessert. Kreisendes Wasser verbessert auch die Luftqualität und neutralisiert Streß,

Müdigkeit, Unwohlsein, Konzentrationsmangel, Immunschwäche und andere negative Begleiterscheinungen von elektromagnetischen Geräten, die positive Ionen abgeben. Wenn Sie zum Beispiel lange vor Computern arbeiten, kann die daher rührende Lethargie und Desorientierung vertrieben werden, indem Sie einen kleinen Springbrunnen an Ihrem Arbeitsplatz aufstellen.

Um Ihre Beziehung zum Wasser zu verdeutlichen, können Sie einfach spucken; so können Sie sich zumindest stets rückversichern, daß Ihr innerer »Brunnen« voll ist. Um den Einfluß von Wasser auf unsere Umgebung zu erleben, können Sie sich mit geschlossenen Augen neben einem Teich, Fluß, See oder Meer entspannen. Atmen Sie die Wassermoleküle ein, und spüren Sie die feine Wirkung der Feuchtigkeit auf Ihrer Haut und auf Ihre Gemütslage. Wenn Sie in der Nähe von schwappenden Wellen sind, können Sie dabei in eine wache Meditation oder auch in tiefen Schlaf fallen. Die Yin-Energie des Wassers wirkt sich, obwohl weiblich, auf Männer wie Frauen stark aus.

Metall

Schau, es kann nicht gesehen werden – es ist jenseits der Form
Lausche, es kann nicht gehört werden – es ist jenseits des Klanges
Greife, es kann nicht gehalten werden – es ist unfaßbar.
Diese drei sind unbestimmbar
Deshalb verbinden sie sich zu einem.

Lao Tse (570 - 490 v. Chr.), Tao Te King

Verglichen mit Erde, Feuer und Wasser ist das Metallelement uns Abendländern weniger vertraut. Nach asiatischer Überzeugung ist das Metall ein »Abkömmling« der Verbindung von zwei oder mehr Elementen, weshalb auf dem chinesischen Bagua-Rad die Kinder und das Metall den gleichen Ort einnehmen. Einige Metalle aber werden weniger als eigenes »Wesen« angesehen, sondern eher als Verbindung.

Die chinesische Medizin stellt Alchemisten dar als Metallwesen, die Interesse haben an Beobachtung, Gelehrtheit und Analyse. Interessanterweise sagt man von europäischen und arabischen Alchemisten, die mit diesem Element gearbeitet haben, daß sie unedle Metalle in Gold verwandeln konnten, indem sie in der Natur ohnehin vorhandene Prozesse beschleunigten. In vielen alchemistischen Traditionen wird Metall häufig durch einen Stein symbolisiert, die große Masse festen Materials, aus dem es gewonnen wird, und der den rätselhaften Stein der Weisen ins Gedächtnis ruft, den die europäischen Alchemisten seit dem Mittelalter suchten. War dieser »Stein« Sinnbild einer geistigen Wandlung oder wurde er als etwas Faßbares verstanden wie die Umwandlung von Erde in Metall? Wir können uns Metall gut vorstellen als eine Synthese von Altem und Neuem zu einer getrennten, allumfassenden Schöpfung.

Um sich besser mit der Magie dieses Elementes vertraut zu machen, nehmen Sie einen Metallgegenstand und fühlen Sie seine Oberfläche und Temperatur, riechen Sie ihn, halten Sie ihn an Ihre Wange. Versuchen Sie sich auch in das Metall einzufühlen, das Sie als Schmuck tragen und in den Reißverschlüssen, Haken und Ösen an Ihrer Kleidung. Chinesische Ärzte glauben, daß Metall sich auf die Lungenfunktion auswirkt.

Haben Sie eine Beziehung zum Metall einmal errichtet, dann dürfen Sie es nach beliebigen Informationen fragen. Und wenn Sie das tun, bitten Sie das Metall, Ihr Verhältnis zu Gaia zu stärken.

Holz

Fasern ihrer Wurzeln
Hat die Eiche freigesetzt
Sich unterirdisch zu verbreiten
Tausende Münder nähren Sprosse
Saugen Leben aus verborgenem Quell
Während der Stamm gen Himmel drängt.

Lenau, »Merlin«

Auch wenn wir uns Holz im allgemeinen nicht als ein Element vorstellen, ist es uns doch vertraut. Tausende Erzeugnisse unserer Welt haben ihren Ursprung in Bäumen – von unserer Kleidung bis zu den Schindeln auf dem Dach und den Seiten dieses Buches.

Zwei der herausragenden Eigenschaften von Holz sind die Fähigkeit, unter Druck fest zu bleiben, und seine Flexibilität. Holz gedeiht unter Herausforderungen und ist impulsiv. Die chinesische Medizin geht noch einen Schritt weiter, indem sie Holzwesen als Pfadfinder und Abenteurer beschreibt.

Meine Erfahrung mit Holz geht bis in meine Kindheit zurück. Seit ich sechs Monate alt war bis zu meinem 18. Lebensjahr, verbrachte ich meine Sommer im Zelt in den Bergen der kalifornischen Sierra. Die Bäume dort waren mir die Großväter, die ich nie hatte; sie gaben mir einen sicheren Hafen und ein bleibendes Gefühl der Liebe. Später lebte ich einige Jahre lang in einer hundert Jahre alten Hütte, wo ich die gewachsene Stärke dieser tragenden Umgebung schätzen lernte. Während ich alte Häuser umbaute und neue entwarf, lernte ich, die »Knochen« der Bäume, die Jahrtausende stehen, ihre Schönheit behalten und sich dann für Kunstwerke hingeben, zu achten und ihnen sogar zu danken.

Vielleicht können auch Sie spüren, wie sehr wir bei den Bäumen in der Schuld stehen, und ihnen Dank sagen. Sind Sie je durch einen alten Wald gegangen, der erfüllt ist von uralten Geistern, die mehr gesehen haben, als wir uns auch nur vorstellen können? Haben Sie je daran gedacht, daß die Bäume die Lunge des Planeten sind und die Atmosphäre erneuern, während sie den Boden mit ihrer Würde und Freundlichkeit beschenken? Je mehr sie mit den Holzgeistern kommunizieren, um so wahrscheinlicher werden sie Sie wissen lassen, welch treue Freunde und Beschützer sie sind.

Kapitel 7

Einstimmung auf die Landschaftsgestalt

Hier schlingt sich der große Drache
zwischen die Bären und windet sich wie ein Fluß.

Vergil

Abgesehen von den Elementen birgt auch die Landschaftsgestalt – die Topografie, wie es oft genannt wird – große Mengen Informationen über den gewählten Platz und seine Auswirkungen auf die Bewohner. Die Kapitel 3, 4 und 5 berühren etwas von der Weisheit, die man durch die Beobachtung eines Stück Landes erhalten kann. Hier werden wir nun mehr auf die Einzelheiten eingehen und die Formen des Landes samt den Energielinien erforschen, die es durchziehen.

Landschaftsformen

Geomanten des alten China, der Indianer und der Kelten sahen oft Züge mythischer Wesen in der von ihnen bewohnten Landschaft. Entsprechend seiner Form wurde ein Flecken Land häufig als ein mythisches Tier oder ein Geist angesehen. Die Gaiamantie setzt keine Kenntnis dieser Assoziationen voraus. Sie brauchen nur das Land selbst nach seiner Natur und seinen Eigenschaften zu fragen. Wenn sie respektvoll gefragt werden, geben die Geister der Landschaft gern Auskunft.

Sie können dabei zum Beispiel lernen, daß eine flache Landschaft mit wenig Unterschieden eine ruhige oder statische Energie hat, und daß eine Gegend, für die Berge und Täler typisch sind, energetisch intensiver ist. Aus solchen Hinweisen, die von den Erdgeistern kommen oder durch die Formen der Landschaft ausgelöst werden, können Sie ersehen, ob Ihr Haus oder Arbeitsplatz für Sie gesund und förderlich ist. Ist das nicht der Fall, so wollen Sie den Energiefluß vielleicht umlenken, die Energie steigern oder – falls nötig – umziehen. In jedem Falle haben Sie die Beziehung zu Ihrer unmittelbaren Umgebung vertieft.

Auf der Insel Whidbey zum Beispiel, die ein paar Meilen vor der Küste bei Seattle, Washington, liegt, können wir ein gutes Beispiel für eine drachenartige Landschaftsform sehen (Abb. 7-1). Aus der Luft betrachtet wird die Drachengestalt deutlich: Der Kopf an der Fähranlegestelle in Clinton, sein Schwanz um den Deception Pass im Norden gewunden, und seine Wirbelsäule läuft entlang des Grates, der über die ganze Länge die Mitte der Insel bildet. In vielen Mythologien ist der Drache – oder der grüne Drache, wie er in chinesischen Legenden oft genannt wird – ein sehr mächtiges Wesen. Er ist berühmt wegen seiner Langlebigkeit und Vielseitigkeit, und er besitzt die Fähigkeit, in den Himmel wie auch in die Erde zu reisen und Negativität mit seinem Feuer umzuwandeln.

Abb. 7-1: Die Insel Whidbey als Drache.

Auf der Insel Whidbey demonstriert der Drache seine vielen Kräfte. Die Westseite der Insel ist Yang. Hier ist das Land starken Winden und Stürmen ausgesetzt, die von Puget Sound her kommen – eine Hauptstraße des internationalen Handels, wo große Schiffe von und zu den Häfen Seattle, Everett und Port Townsend fahren. Die von dieser Seite der Insel ausgehende Kraft richtet sich eindeutig nach außen, in die Öffentlichkeit, und die Einwohner sind überwiegend gesellig. Diese nach außen gerichteten Bewohner der Westseite schauen hinüber zum Hurricane Ridge der Olympischen Halbinsel, einem majestätischen Gebirgszug, der durch seine gewaltigen Erhebungen eine noch größere Kraft zeigt.

Die Ostseite der Insel Whidbey zeigt zur Saratoga Passage, deren Strömungen neunzig Prozent der Zeit hindurch sanft und ruhig sind. Hier finden sich die meisten der verbliebenen alten Wälder, die eine starke weibliche Kraft ausstrahlen. Die Menschen, die auf dieser Inselseite leben, sind abgeschiedener, mehr nach innen ausgerichtet und privat, die Häuser stehen weiter voneinander entfernt.

Von der zentralen Erhebung der Insel – der Wirbelsäule des Drachen – kann man Puget Sound und die Saratoga Passage sehen. Die Menschen, die in diesem energetisch ausgeglichenen Bereich leben, sind dynamisch und kompetent. Auf ganz Whidbey ist der Drachengeist stets gegenwärtig. Große Kräfte und Persönlichkeiten erscheinen, sobald man den Fuß an Land setzt, ob man nun von der Clinton-Fähre kommt, der Fähre von Port Townsend oder von der Brücke über die aufgewühlten Gewässer des Deception Pass. Die drachenhafte Fähigkeit des Aufstiegs zum Himmel hat die Insel durch ihre große Population an Weißkopfadlern, Habichten, Eulen und Libellen. Sie kann auch in die Erde graben, wie die Üppigkeit ihrer Vegetation zeigt. Die tiefe mystische Seele der Insel hält die Bewohner erdgebunden, während die Umgebung Negativität mit Hilfe des Wassers umwandelt.

Die hawaiianische Mythologie setzt sich mit dieser Perspektive auseinander. Der Drache ist hier als *mo'o* bekannt und spielte in den Zeiten vor *ali'i* – also mindestens vor 1000 v. Chr. – eine aktive Rolle im Leben des Volkes. Die *ali'i* waren Mitglieder

der Königsfamilie, die nach der Ankunft der Polynesier auftraten. Da es für eine nährende Kraft steht, durchzieht das Wort *mo'o* die hawaiianische Sprache: *mo'olelo* (Geschichte und Traditionen), *mo'olio* (Pfad), *mo'oku'auhau* (genealogische Gesänge), *mo'opuna* (Enkel), *mo'owini* (Vision), und sogar *Moloka'i* (Dracheninsel).

Als Symbol der Zeit beginnt der von den Hawaiianern verehrte Drache im Morgen (der Kopf), dessen Dämmerung erst noch kommt (der Schwanz). Sein Leib soll *o'hana* (die Familie) charakterisieren. Seine Vorderfüße sind *na opio* (die Kinder), immer ruhelos, in Bewegung und veränderlich. Seine mittleren Füße sind *ka makua* (die Eltern), die Grundlage der Familie und Beschaffer von Nahrung, Schutz und Zuwendung. Die Hinterfüße sind die *kupuna* (Großeltern), die starken Bewahrer, die immer zur Hilfe bereit sind. Die Wirbelsäule hinter den *kupuna* bilden die *ka iwi* (Vorfahren), die den Körper verlassen haben und nun Schutz und geistige Führung bieten. Jeder Teil verbindet sich mit dem Ganzen, damit es flüssig und beweglich bleibt, und hängt von den je anderen ab, damit sich ein Gleichgewicht ergibt.

Die Energielinien der Erde

Viele Arten von Energielinien laufen unter, um und über die Erdoberfläche und verleihen der Topografie einzigartige Eigenschaften. Obwohl alle diese Pfade unsichtbarer Kräfte von der Erde erzeugt werden, haben frühere Zivilisationen an einigen von ihnen gearbeitet. Die bekanntesten Strukturen, die natürliche Kraftströme im Körper des Planeten leiten, sind die Ley-Linien, die Drachenadern, die Feen-Linien, die Geisterpfade und das goldene Gitternetz. Nachfolgend finden Sie Beschreibungen dieser Energiekreisläufe sowie praktische Tips zur Arbeit mit ihnen. Informationen zur Mutung von Energielinien finden Sie ab Seite 139.

Ley-Linien

Ley-Linien sind natürlich auftretende unterirdische Wege der Erdenergie. Weise der alten Zeit waren sich der Existenz dieser Meridiane bewußt und versuchten, ihre Kraft zu verstärken, indem sie sie über stehende Steine und verschiedene andere Gegenstände anzapften, wie man in Stonehenge und anderen alten Steinkreisen beobachten kann. So wie wir heute die Kraft von Flüssen mit Dämmen regulieren, um Elektrizität zu erzeugen, wurden einst diese Steine verwendet, um die Erdkräfte zu verstärken. Die Energie kam dann wie aus einem Geysir geschossen, wenn sie einmal angeregt war.

Heute sind nur noch Teilstücke dieser verstärkten Ley-Linien geblieben, von denen man einige entdecken kann, indem man Tierpfaden folgt oder den Spuren, die Schnecken oder Schlangen hinterlassen. Leider verhält es sich so, daß das Wissen um die Meridiane der Erde in Vergessenheit geraten ist. Das Gute ist aber, daß dieses Wissen immer noch zugänglich ist und einfach darauf wartet, daß wir uns im Zuge unserer erneuerten Partnerschaft mit der Erde daran erinnern.

Drachenadern

Diese Wellen des Ch'i-Flusses sind in China als *Lung mei* oder Drachenadern bekannt und verlaufen unter und entlang der Erdoberfläche. Wie Windströmungen sind sie unsichtbar aber mächtig genug, einen Platz oder ein Gebäude samt seinen Bewohnern zu beeinflussen. Unterirdische Drachenadern sind mit den Ley-Linien vergleichbar. Sie können sich anstauen und stagnieren oder sich sammeln und beschleunigen und alles auf ihrem Weg fortspülen. Die Linien auf der Erdoberfläche werden oft auch als Venen bezeichnet und sind leichter zu finden. Manche verlaufen über lange Strecken, während andere innehalten und wieder beginnen und nur stückweise gefunden werden können. Ich habe auch schon Linien gefunden, die sich langsam verjüngen und dann plötzlich enden, als seien sie in die Erde gefallen. So wie man sein Haus nie mitten in einen Fluß bauen würde, so wenig würde man es auf eine dieser Energielinien bauen.

Die meisten wesentlichen Gebäude in China wurden bis ins zwanzigste Jahrhundert so gebaut, daß sie die konzentrierten Strömungen der Energie auf den Drachenadern mieden. An Orten, wo diese Weisheit heute ignoriert wurde, werden Feng Shui-Praktiker gerufen, um die notwendigen Korrekturen zu machen. Sie sorgen zum Beispiel dafür, daß eine starke Drachenader, die durch ein Gebäude verläuft, umgelegt wird, insbesondere wenn sie abrupt endet. Über einer plötzlich abbrechenden Drachenader zu leben wäre, als würde man am Rande eines Wasserfalles entlangbalancieren, wo die Kraft der Strömung sehr trügerisch ist. Wenn die Linie unter einem Schlafzimmer hindurchläuft, dann wird sich die Störung am ehesten in Form von gestörten Schlafrhythmen zeigen.

Auch wenn es am besten ist, einen Bauplatz muten zu lassen, bevor mit dem Bau begonnen wird, *können* später noch Änderungen vorgenommen werden. Wenn ich eine Drachenader vorfinde, wie zum Beispiel bei dem Haus in Abbildung 7-2, dann gehe ich an den der Quelle nächstgelegenen Punkt auf dem Grundstück und lenke die Energie mittels Metallstäben, Steinen oder Kristallen um und an den Seiten des Hauses vorbei. In sicherem Abstand vom Haus begegnen sich die Linien wieder und verschmelzen erneut zu einer.

Die meisten Drachenadern werden sich umleiten lassen. Stoße ich dabei auf Widerstand, so setze ich an den Ort einen Fels, der diese Kräfte aufnehmen kann, oder verwende das Bild eines Wesens, das mächtig genug ist, diese Kraft zu halten und aufzunehmen, wie Buddha oder Kwan Yin oder die Grüne Tara. Ein Bild von Atlas mit der Erde auf seinen Schultern funktioniert

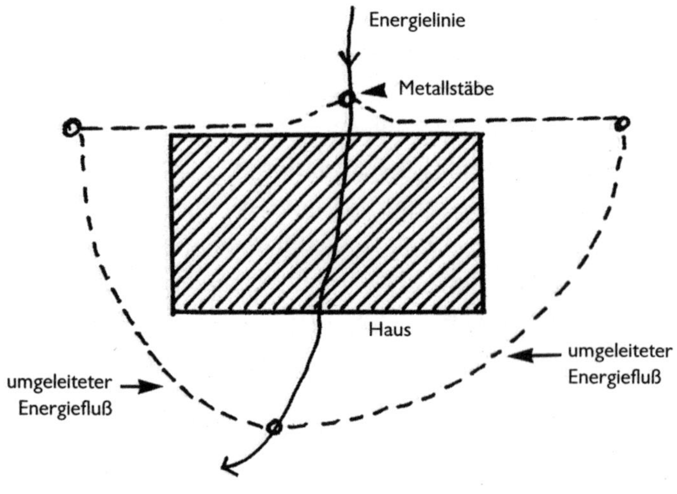

Abb. 7-2: Haus mit umgelenkten Energielinien.

auch. Jede Kultur, so scheint es, hat einen mythischen Helden oder eine Heldin, die die Aufgabe übernommen haben, die gewaltigen Kräfte auf sich zu nehmen, damit die Welt im Gleichgewicht bleibt.

Feen-Linien und Geisterpfade

Wenn Feen tanzen oder reisen, können die von ihnen hinterlassen Linien äußerst kraftvoll sein. Geisterpfade sind viel gefährlicher, und man überschreitet sie gewöhnlich nur nachts. Beide Arten Pfade neigen dazu sich zu drehen oder sogar umherzukreisen, wenn manche auch steil aufwärts gehen. Da es unklug ist, solche Pfade zu zerstören, während die Feen oder Geister sie benutzen, achten Sie darauf, Ihre Helfer und Führer um Rat anzurufen, wie Sie respektvoll mit diesen Linien umgehen können. Wenn Sie draußen in den Landschaft auf eine solche Linie treffen, lassen Sie sie einfach in Ruhe. Finden Sie sie aber in Ihrem Haus oder Büro, dann rufen Sie die Erdgeister und Ihre Totemwesen an, Ihnen bei der Umlenkung zu helfen.

Das goldene Gitternetz

Das goldene Gitter ist ein Bild, das mir vor vielen Jahren in der Meditation gegeben wurde. Während ich schweigend dasaß, wurde ich über eine Zeit unterrichtet, in welcher ein sichtbares Netz aus goldenen Fäden die Erde umfaßte und als ein planetares Immunsystem diente. Dieses Netz, so wurde mir gesagt, hatte Anteil am Erhalt des Gleichgewichts und der Harmonie auf der Erde. Seither habe ich auch andere von einem »Harmonie-Überträger« reden hören, der Gaia einmal umgeben habe und ihren Bewohnern Frieden und Sicherheit geschenkt habe – ein Phänomen, das dem goldenen Netz sehr ähnlich ist.

Heute sehen die Menschen dieses goldene Lichttuch nicht mehr um die Erde. Denn es wurde durchbrochen und gestört und ist nicht mehr intakt; und unsere Wahrnehmung ist im Laufe der Zeit auch dumpfer geworden. Durch unseren Willen können wir es jedoch wieder sammeln und damit gleichzeitig das gestörte Gitter heilen wie auch eine *innere* Wahrnehmung seiner Existenz pflegen.

Um sich das goldene Gitternetz vorzustellen, können Sie sich das Bild eines Spinnennetzes machen, das den Globus einhüllt, wobei seine Fäden sich zu Mustern der Anmut und Schönheit verbinden. Imaginieren Sie dieses Netz voll glitzernder Tautropfen, unter Millionen funkelnder Lichtpunkte erglühend. Es ist so zart, daß es durch die Umweltverschmutzung und das Zünden von Bomben leicht zerstört wird und die Bewohner von Gaia den Mächten der Finsternis gegenüber immer wehrloser werden läßt. Es wird jedoch jedes Mal wiederhergestellt, wenn wir uns mit der Harmonie unserer Umgebung verbinden – wir kommen damit der Heilung des Planeten einen Schritt näher.

Vielleicht »sehen« Sie, wie sich die goldenen Fäden des Netzes wieder neu knüpfen, wenn Sie Ihre Zufahrt so umgestalten, daß sie besser zu den natürlichen Energiemustern der Erde paßt. Wenn Sie Ihr Wohnzimmer umstellen, entsteht vielleicht ein Leuchten. Oder wenn Sie ein Bild in Ihrem Schlafzimmer aufhängen, erleben Sie vielleicht ein plötzlichen Wohlgefühl und das tiefe Wissen, daß das goldene Netz wieder geknüpft wird.

Kapitel 8

Zusammenstellung einer Gerätetasche

> Bezüglich aller Initiativen (und schöpferischen Handlungen) gilt eine grundlegende Wahrheit, deren Mißachtung zahllose Ideen und grandiose Pläne wieder abtötet: daß die Vorsehung in dem Augenblick eingreift, in dem man sich vorbehaltlos an etwas hingibt. Dann geschieht alles mögliche Hilfreiche, das sonst nicht geschehen wäre. Von einer solchen Entscheidung geht ein ganzer Strom von Ereignissen aus, die unvorhergesehene Geschehnisse, Begegnungen und materielle Hilfen zu unseren Gunsten in Gang setzen.
>
> *William Hutchinson Murray*
> *auf der schottischen Himalaya-Expedition*

Die einzige Fähigkeit, die man zur Beurteilung des Flusses an Erdenergie durch eine bestimmte Umgebung braucht, ist die Öffnung der feineren Sinne. Wenn es aber um die Einschätzung anderer Energiebewegungen und vor allem um die Korrektur von Problemen geht, dann können eine Vielzahl anderer Fertigkeiten und Hilfsmittel nützlich sein. Wenn Sie daran denken, können Sie sich eine rituelle Tasche mit uralten Hilfsmitteln der Divination zusammenstellen, auf die Sie im Bedarfsfall zurückgreifen können.

Alle folgend beschriebenen Hilfsmittel stehen mit wenigstens einem der drei Räder der Gaiamantie in Beziehung. Nehmen Sie sich die Freiheit, sie zu mischen und passend zu machen, wie Sie es brauchen. Benutzen Sie ein Werkzeug aus dem Feng Shui zusammen mit einer indianischen Übung und einem heiligen Gegenstand der keltischen Tradition oder was immer Ihnen am natürlichsten erscheint. Zwischen diese Hilfsmittel verteilt finden sich Übungen, die – einmal in die Werkzeugtasche getan – verwendet werden können, um die Wahrnehmung zu schärfen.

Wille (Absicht)

Wenn Sie eine Gerätetasche zusammenpacken, um Ihre Umgebung einzuschätzen, dann fangen Sie mit dem Willen, mit Ihrer Absicht an. Dieser ist das gaiamantische Werkzeug par excellence, denn nur durch die Absicht kann eine Lösung kraftvoll genug werden, um eine Energieverschiebung oder eine neue Form zu schaffen. Aber nur durch *Klarheit* kann die Absicht ihre Magie wirken. Ist die Absicht kristallklar, dann können Sie Ihr Ziel sehr schnell erreichen.

Mit der Klarheit kommt die *Verantwortung*. Wenn Sie eine geomantische Veränderung bewirken, dann lassen Sie sich auf eine mitschöpferische Beziehung zum Ch'i und den Elementarkräften des Lebens ein und müssen deshalb für die Folgen Ihrer Entscheidungen einstehen. Dem Taoismus zufolge ist die uns bekannte Welt reine Energie, und unse Absicht erschafft unser

Leben – eine in den abendländischen Kulturen oft vergessene Wahrheit. Unsere Neigung im Westen ist es, unsere schöpferische Kraft an »Experten« abzutreten, die sich für uns um die Dinge kümmern. Erst wenn wir uns diese Kraft zurückholen und Verantwortung dafür übernehmen, kann die erhoffte Wandlung geschehen.

Dieses Naturgesetz konnte ich beobachten, nachdem ich bei einem Klienten, der sich dramatische Veränderungen in mehreren Lebensbereichen wünschte, eine Beurteilung seines Büros durchgeführt hatte. Ein paar Tage danach rief er mich an und sagte, die Veränderungen, auf die er wartete, fänden nicht statt. Ich traf ihn also noch einmal und fragte ihn nach seinen Absichten. Dabei fand ich heraus, daß er von mir erwartet hatte, *ich* würde die Änderungen für ihn vollvorbringen. Ich erläuterte ihm dann, daß mein Dienst nur darin besteht, *seine* Absichten zu verstärken, und daß die Veränderungen tatsächlich schon mit seinem ersten Gedanken, mich anzurufen, begonnen hätten. Nachdem er die Kraft des Willens einmal verstanden hatte und sich darauf einließ, brachte ihm das Universum die erwünschten Wechsel – mit Ergebnissen, die seine Erwartungen weit übertrafen.

Ich habe großen Respekt vor dem Mut meiner Klienten zu Veränderungen. Oft besuche ich ein Haus, gehe darin umher und fahre dann in mein Büro zurück, um eine schriftliche Beurteilung anzufertigen. Wenn ich zurückkomme, um diese mit den Klienten zu besprechen, dann stelle ich unweigerlich fest, daß eine Reihe der Lösungen, die ich mir im Stillen in meinem Büro notiert habe, bereits durchgeführt wurden.

Hier noch ein weiteres Beispiel für die wandelnde Kraft des Willens, unserer Absicht. Wenn Sie im Zuge einer Einschätzung oder Klärung auf eine Energie stoßen, die schädlich ist, vermeiden Sie es bitte, sich mit ihr anzulegen. Benutzen Sie vielmehr die Kraft Ihres Willens, um Mitgefühl mit dieser Kraft zu empfinden, und entlassen Sie sie dann ins Licht. Sie werden eine solche unerwünschte Kraft nur bestätigen und verstärken, wenn Sie sich gegen sie stellen, während das Aussenden Ihrer Liebe sie neutralisieren wird, indem es sie machtlos macht. Das bedeutet nicht, »die andere Wange hinzuhalten«, sondern »bei der eigenen Kraft zu bleiben«. Im reinen Willen liegt eine gewaltige Kraft.

Die Ausübung der Gaiamantie beinhaltet wenig Kampf, bedarf aber hoher Konzentration. Daß in unserer Kultur leider oft ein Bedarf für Kämpfe wahrgenommen wird, ist ein großer Fehler, der zu Widerstand und zu Ohnmacht führt. Wenn wir »Widerstand gegen« ersetzen durch »Konzentration auf«, dann kann das einen gewaltigen Unterschied bedeuten. Wir nehmen unser Leben oft als Belastung wahr, wo nur ein wenig mehr Wille erforderlich ist, um Wunder zu vollbringen.

Übung 4
Entwicklung von Willenskraft

Diese kraftvolle Übung setzt eine Absicht schnell um. Seien Sie also jedes Mal so klar und reinen Herzens wie möglich.

❧ Sitzen Sie ruhig und atmen Sie sieben Mal tief. Schließen Sie Ihre Augen und entspannen Sie den Körper.

❧ Wählen Sie einen Lebensbereich, den Sie fördern möchten. Rufen Sie dann Ihre Führer, Engel, Wohltäter oder wen immer Sie um Unterstützung bitten möchten, und bitten Sie sie darum, einen Schutzkreis um Sie zu bilden.

❧ Stellen Sie sich vor, in einer Blase aus goldenem Licht zu sitzen. Nennen Sie dann die beabsichtigte Veränderung und bitten Sie um Weisheit, Führung, dauernden Schutz, Kraft und Klarheit bei der Durchführung. *(Beachten Sie: Diese Übung ist nicht dafür gedacht, andere Menschen zu verändern, sondern vielmehr Ihren Willen mit der höchstmöglichen Integrität auszusenden.)*

❧ Sehen Sie vor Ihrem inneren Auge die erwünschte Verbesserung. Wenn Sie visuell nicht besonders begabt sind, dann fühlen Sie sie.

❧ Entspannen Sie sich, lassen Sie Ihren Wunsch los und atmen Sie wiederum sieben Mal.

❧ Öffnen Sie langsam Ihre Augen und achten Sie auf alle Änderungen Ihrer Wahrnehmung. Wenn Sie zunächst nichts Neues bemerken, seien Sie geduldig. Da wir mit den feineren Aspekten des Daseins nicht vertraut sind, müssen wir oft üben, Geist, Verstand und Herz zu reinigen, bevor wir eine Feinabstimmung mit dem Willen erreichen können.

Ritual

Ritual ist in eine Form gebrachter Wille. Als Ritual können wir jede wiederholte Handlung betrachten, die eine symbolische Beziehung zu Gaia herstellt. Durch eine solche Handlung richten wir eine Datenbank der Kommunion mit göttlichen Kräften auf der Zellebene ein, während wir unsere Vorsätze in der stofflichen Welt gründen.

Viele Menschen sind in sich so weit gewachsen, daß sie die zur Ohnmacht führenden Strukturen von Ritualen ablehnen, die die institutionalisierten Religionen benutzen. Statt Ehrfurcht vor dem Mysterium und dem Wunder der heiligen Handlungen zu erleben, fühlen wir uns von den ausführenden Klerikern oft kleingemacht oder haben sogar Angst vor ihnen. Rituale sind gewiß von vielen Religionen eingesetzt worden, um Macht über die jeweiligen Anhänger zu gewinnen und eine Hierarchie zu errichten. Wir müssen jedoch vorsichtig sein, nicht die Rituale selbst zusammen mit dem elitären Gehabe abzulehnen, für das sie mißbraucht worden sind. Der Vollzug heiliger Riten *an und für sich* ist ein wesentliches Mittel zur Verbindung miteinander und mit der göttlichen Weisheit.

Es folgen einige Ritualformen, die geeignet sind, alte Erinnerungen wachzurufen. Sie können auch ein Gefühl der Gemeinschaft, der Ekstase und Liebe anregen.

Wiederholte Bewegungen und Gesten

Die rituellen Bewegungen des Tanzens, Rasselns, Räucherns, sich Wiegens, des Tai Ch'i und Qi Gong sind kraftvolle Hilfen zur Kommunion mit Gaia. Tanzen Sie mit dem Mond oder dem Wind. Trommeln Sie durch ein Gewitter. Erfinden Sie Ihre eigenen Körperbewegungen zur Verbindung und Feier.

Singsang und Gesang

Das Anstimmen von Vokalen – laut oder im Geiste – ist ein weiterer ausgezeichneter Weg, mit Tieren, Bäumen und anderen Wesen zu kommunizieren. Ich habe eine Freundschaft mit einer Wal-Matriarchin in Hawaii entwickelt, indem ich still für sie gesungen und mir gleichzeitig eine Verbindung zu ihr visualisiert habe. Ich nenne es, mit dem Wal »Geschichten zu erzählen«, um einen hawaiianischen Ausdruck für Gespräch zu borgen. Alles im Universum hat eine besondere Schwingung, die sich durch Harmonie und Klang erreichen läßt.

Reisen in andere Ebenen

Diese Kommunikationsweise mit Wesen aus anderen Welten wird manchmal als Trance-Meditation oder Trance-Heilung bezeichnet. Es handelt sich dabei um eine schamanische außerkörperliche Reisetechnik, die zur Sammlung von Informationen oder zur Erlangung von Klarheit zu einem bestimmten Thema verwendet wird. Ursprünglich führten Schamanen sie durch, um das Wohl ihres Dorfes zu erhalten, doch hat sich dieses Reisen heute zu einem mehr persönlichen Hilfsmittel entwickelt, um aus anderen Ebenen Führung zu erlangen, wie Sie in der fünften Übung entdecken können.

Übung 5

Reisen, um Informationen zu bekommen

Diese Methode kann Ihnen helfen, Antworten auf Fragen über Sie selbst oder den von Ihnen bewohnten Raum zu beantworten.

☙ Setzen oder legen Sie sich in eine bequeme Lage, stellen Sie ein Glas Wasser neben sich und schließen die Augen. Atmen Sie sieben Mal tief und entspannen Sie Ihren Körper völlig.

☙ Rufen Sie Ihren Schutzengel an oder das Wesen, das Sie mit dem Göttlichen verbindet, und bitten Sie um Schutz für die kommende Reise.

☙ Denken Sie jetzt an die Frage, die Sie in bezug auf sich selbst oder Ihre Umgebung haben. Stellen Sie diese direkt und ohne Wenn und Aber. Formulieren Sie Ihre Frage einfach nur.

☙ Sobald Sie sich von einem Schutzkreis umgeben fühlen, stellen Sie sich einen wirklichen oder imaginären Ort in der Natur vor, gehen dorthin und setzen sich dort bequem hin (in Ihrer Vorstellung). Nehmen Sie den Anblick, die Geräusche, Gerüche und die Beschaffenheit des Sitzplatzes in sich auf.

☙ Bitten Sie um einen Geistführer in Gestalt eines Tieres oder einer Gottheit, sie auf dieser Reise zu geleiten. (Denken Sie daran, daß Sie geschützt und sicher sind. Wenn Sie irgendwann

Unwohlsein verspüren, denken Sie daran, daß Sie innehalten, in Ihren Körper zurückkehren und Ihre Augen öffnen können.)

∾ Wenn dieser Geistführer auftaucht, dann stellen Sie Ihre Fragen klar und einfach und lauschen auf eine Antwort.

∾ Nachdem Sie die Antwort erhalten haben, danken Sie dem Geistführer für seine Hilfe. Sehen Sie sich selbst nun aufstehen, sich umdrehen und von diesem Ort in der Natur zurückkehren. Spüren Sie, wie Ihr Geist Ihren Körper von den Zehenspitzen bis zu den Fingerspitzen und zum Scheitel ausfüllt. Öffnen Sie dann langsam die Augen. Es kann sein, daß Sie sich sehr kraftvoll und durchscheinend fühlen oder vielleicht ein bißchen schläfrig und abgehoben. In jedem Falle gewöhnen Sie sich langsam an Ihre Umgebung.

∾ Um sich zu erden, trinken Sie von dem Wasser und lassen Sie ein paar Minuten vergehen, bevor Sie aufstehen und Ihren Tagesgeschäften nachgehen.

Es hat sich bewährt, jede dieser Reiseerfahrungen in einem Tage- oder Notizbuch aufzuzeichnen. Überlegen Sie sich auch, diese Erfahrungen mit einem Lehrer oder einer Lehrerin zu bearbeiten. Reisen ist eine sehr weitreichende Übung, die am besten in Begleitung eines kundigen Begleiters oder einer Begleiterin begonnen wird.

Totems und Führer

Auch ohne zu reisen, können wir Wesen aus anderen Ebenen befragen, besonders Totems und Geistführer. Totemwesen sind meistens tiergestaltig, und manche von Ihnen bleiben unser Leben lang bei uns. Als Hüter unserer Familiengruppe kommen diese Totems mit unserer Geburt zu uns und erscheinen wieder, wenn ihre Eigenschaften gebraucht werden. Andere besuchen uns eine Zeit lang und gehen dann wieder. Totemtiere beider Arten bringen geistigen Beistand, Weisheit, Schutz und Kraft.

Oft sehen wir diese Tiere zuerst in Büchern oder Filmen, was zu ihren bevorzugten Methoden gehört, unsere Aufmerksamkeit auf sich zu ziehen. Verstehen wir nicht, was sie uns mitteilen wollen, dann können sie sehr enttäuscht reagieren. Aber wie geduldige Freunde werden sie auf einen Funken Verständnis unsererseits warten, wie Sie feststellen können, wenn Sie mit Übung 6 arbeiten.

Die üblichste Form der Kommunikation mit Totemtieren tritt in Visionen und Träumen auf. Viele Völker der Aborigines glauben sogar, daß die Traumzeit die wirkliche Zeit und unser Wachbewußtsein die Illusion sei. Kommunikation mit Totems kann auch in unserem wachen Alltag stattfinden. In beiden Fällen werden die betreffenden Tiere übertrieben oder seltsam aussehen. Ein kleines Wesen im Kreis meiner Totemfreunde zum Beispiel ähnelt einer Figur aus einem Cartoon. Ich lachte, als er das erste Mal zu mir kam, dann wurde mir aber klar, daß ich ihn beleidigt hatte, und ich entschuldigte mich schnell und versprach, nicht mehr herablassend oder urteilend von ihm zu denken. Das kleine Wesen hat mich gelehrt, still zu sein und das Leben von einem unauffälligen Blickpunkt aus zu betrachten.

Man bezeichnet die Totems manchmal als »Krafttiere« – eine passende Beschreibung, denn sie verkörpern tatsächlich Kraft für uns. Die Indianer tragen oft ein Bild des Tieres, dessen Charakter sie beim Jagen, Heilen oder der Überwindung einer physischen oder emotionalen Herausforderung annehmen möchten. Dennoch sind Totemwesen nicht auf das Tierreich beschränkt. Sie können auch Bäume, Felsen oder andere hilfreiche unbelebte Formen sein. Mitglieder der katholischen Kirche gehen mit den Reliquien von Heiligen in etwa gleicher Weise um, wie die »Heiden« mit den Totems.*

Geistführer sind weniger leicht faßbare kosmische Wesenheiten, die um geistigen Beistand, Weisheit, Führung, Schutz und Kraft angerufen werden können. Gebete an Maria sind in Irland und den spanischsprachigen Ländern sehr beliebt, wo unter dem Deckmantel der Verehrung der Heiligen Mutter oft eine Beratung mit einer lebendigen Göttin stattfindet. In anderen Kulturen wird die große Muttergöttin – in China Kwan Yin oder in Griechenland Rhea – angerufen, auf daß sie Schutz, Mitgefühl und die unendliche Liebe des weiblichen Göttlichen gewähre. Auf gleiche Weise sind Jesus und Buddha geliebte Träger des männlichen Göttlichen.

Können Sie sich an ein Tier, ein Mitglied des Pflanzen- oder Elementarreiches oder eine eher kosmische Wesenheit erinnern, die seit Ihrer Kindheit bei Ihnen ist? Falls ja – schreiben Sie ein Gedicht an dieses Wesen, und wundern Sie sich nicht, wenn es antwortet! Es ist in der Gaiamantie von großem Vorteil, sich mit Totems oder Geistführern beraten zu können,

* Eine sehr gute Arbeit mit Totemtieren vermittelt Stephen Gallegos in seinem Buch: *Little Ed und seine Tiere der Kraft* – Ryvellus bei Neue Erde, 1999.

denn ihr Zugang zu den nicht-physischen Daseinsbereichen ist meist viel direkter als unserer.

Übung 6

Begegnung mit Ihrem Totemtier

~ Setzen Sie sich mit einem Glas Wasser neben sich bequem in einen Stuhl oder legen Sie sich auf den Boden. Schließen Sie die Augen, atmen ein paar Mal tief und entspannen Sie sich so tief wie möglich.

~ Stellen Sie sich vor, von einem Kreis goldenen Lichtes umgeben zu sein. Sehen oder fühlen Sie sich in diesem goldenen Kreis und erkennen Sie, daß Sie dadurch sicher und geschützt sind. (Wenn Sie sich während der folgenden Reise an irgendeinem Punkt unwohl fühlen, kehren Sie einfach in den Körper zurück und öffnen Sie die Augen.)

~ Folgen Sie dem Pfad, den Sie in Übung 5 nahmen, als Sie sich Ihren besonderen Platz in der Natur suchten. Sobald Sie dort ankommen, suchen Sie sich einen Führer in Gestalt eines körperlichen Wesens oder einer Präsenz. Bitten Sie diesen Führer, Sie zu Ihrem Totemtier zu bringen.

~ Folgen Sie dem Führer zu einer wirklichen oder vorgestellten Wiese, Höhle, Bergspitze, einem Wald oder einer Küste. Sehen, hören und riechen Sie die neugefundene Welt um sich herum. Ihr Totemtier wird dort sein, um Sie zu begrüßen. Erkennen Sie es als Ihren Verbündeten und Freund an.

ꟹ Stellen Sie dem Totemtier Fragen und finden Sie heraus, wie lange es schon bei Ihnen ist. Vielleicht sagt es Ihnen, daß dies Ihre erste Begegnung oder es schon seit Ihrer Geburt bei Ihnen ist oder schon seit vergangenen Lebensspannen. Wenn Sie Ihre Fragen gestellt haben, danken Sie dem Totem und verabschieden Sie sich. Dann bitten Sie Ihren Führer, Sie zurück zum Pfad zu begleiten.

ꟹ Folgen Sie diesem Pfad bis zu seinem Ursprung. Kehren Sie dann in Ihren Körper zurück und lassen Sie sich Zeit, ihn Zentimeter für Zentimeter wieder von Ihrem Geist erfüllen zu lassen, bevor Sie die Augen öffnen.

ꟹ Nehmen Sie einen Schluck Wasser und warten Sie ein paar Minuten, bevor Sie wieder in Ihre gewöhnliche Wirklichkeit eintauchen.

Haben Sie Ihr Totemtier einmal kennengelernt, dann brauchen Sie nicht mehr danach zu suchen. Im Gegenteil wird es sich in Ihrem Alltag zu zeigen beginnen. Und wenn es sich zeigt, dann versäumen Sie nicht, es voller Achtung und Anerkennung zu grüßen.

Rutengehen

In jeder Kultur der Erde ist in der einen oder anderen Form gemutet worden, um Wasser, Gegenstände oder Energielinien unter der Erdoberfläche zu finden. Das englische Wort »dowsing« – deutsch »muten« oder »rutengehen« – stammt von einem alten angelsächsischen Wort, welches »herabdrücken« bedeutet und sich auf die ursprünglichen Hilfsmittel der Wünschelrutengänger bezieht.

Nachdem sie einen Y-förmigen Zweig von einem Baum abgeschnitten haben, oft von einer Hasel, nehmen sie dessen Enden in die Hände und warten darauf, daß das Endstück schließlich über einer sensiblen Stelle herabgezogen wird. Wünschelrutengänger benutzen heute gegabelte Zweige, Metallstäbe oder Pendel aus Metall, Knochen oder Stein.

Eine Wünschelrute ist eine brauchbare Ergänzung in Ihrer Werkzeugtasche, weil sie Ihnen helfen kann, Wasser für Brunnen oder unterirdische Ströme zu finden, die Ihre Umgebung beeinflussen. Sie kann auch benutzt werden, um schädliche Einwirkungen oder elektrische Leitungen aufzuspüren. Manche Leute muten *sogar über einer Landkarte* nach Öl, Gold oder Mineralien. Andere suchen so Vermißte oder untergegangene Flugzeuge oder Schiffe.

Auf die Mutung sprechen auch Linien subtiler Energien an sowie geopathische Belastungszonen. Leichte tektonische Verwerfungen werden, wenn Sie nicht aufgefangen oder ausgelichen worden sind, wie Energielinien gegen die Fundamente eines Hauses drängen oder es in die Erde hinabziehen. Hat man sie einmal gefunden, so kann man mit den verantwortlichen Kräften gewöhnlich umgehen, sofern man sich ihnen in respektvoller und kooperativer Haltung nähert.

Das Wünschelrutengehen oder Muten lernte ich von einem alten Mann in Oregon, der auf das Grundstück kam, auf dem ich gerade ein Haus baute. Dieser Wünschelrutengänger, der sich selbst einen »Wasserhexer« nannte, kam mit zwei zurechtgebogenen Kleiderbügeln, ging auf dem Grundstück herum und markierte zwei Stellen für Brunnen. Seine Vorhersage für die Tiefe des Brunnens sowie für die Wasserqualität erwiesen sich als genau richtig. Das Beste von allem war aber, daß er mir zeigte, wie ich die Stäbe halten und daß ich kristallklare Fragen stellen muß.

Beim Verwenden der Wünschelrute ist Klarheit unabdingbar, denn die Rute verarbeitet Informationen wörtlich, wie ich Jahre später lernen mußte. Mein damaliger Partner hatte elektrische Leitungen zu mehreren großen Gebäuden eines neu erbauten spirituellen Zentrums gelegt, wobei er eine der Leitungen abgezweigt und zu einem Nebengebäude geführt hatte. Alle Leitungen waren nebeneinander tief in der Erde vergraben. Als dann nach ein paar Wochen dieses Nebengebäude keinen Strom mehr hatte, fiel uns ein, daß er die Abzweigung nicht markiert hatte, wo jetzt – an einem kalten und nassen Dezembertag – die Reparatur nötig war.

Mit großer Zuversicht zückte ich meine Kleiderbügel-Stäbe und machte mich an die Suche nach der Abzweigung. Ich fand das betroffene Kabel, folgte seinem Verlauf und fragte immer wieder: »Wo ist der Draht defekt?« Jedesmal erhielt ich die rätselhafte Antwort: »Sechzig Zentimeter.« Mein Partner grub also sechzig Zentimeter tief am Kabel entlang und noch einmal sechzig Zentimeter, bis er ein Drittel des sechzig Meter langen Grabens freigelegt hatte. Völlig entnervt fragten wir unseren Buddha-Kater Max: »Wo ist die Unterbrechung?« Max ging hinüber zu einer anderen Stelle, grub ein kleines Loch und machte sich davon. Mein Partner und ich blickten uns an und kicherten. Dann gruben wir an der bezeichneten Stelle sechzig

Zentimeter tief – und siehe da: Da war der Übeltäter! Nie wieder werde ich einer Wünschelrute andere als klare und spezifische Fragen stellen.

Seit ich den Wasserhexer traf, habe ich verschiedene Hilfsmittel zum Muten benutzt – Kristalle und Drehgelenke, Perlenschnüre und Glocken –, doch gehören die Draht-Kleiderbügel aus der chemischen Reinigung noch immer zu meinen liebsten Ruten, weil sie über längere Zeit hinweg leicht zu balancieren sind. Ich verwende auch Schweißstäbe verschiedener Länge aus Messing und manchmal ein Pendel – eine große Hilfe, die in jede Tasche paßt. Ich habe sogar einen Satz Taschen-Wünschelruten von je zwölf Zentimetern Länge.

Welches Hilfsmittel Sie auch wählen, folgen Sie dieser einfachen Methode. Wenn Sie nach Wasser, Energielinien oder elektrischen Leitungen suchen, beginnen Sie damit, die Geister des Landes um ihre Erlaubnis und Mithilfe zu bitten. Lassen Sie ihnen als Gegengabe für ihre Hilfe eine kleine Gabe, wie zum Beispiel etwas Tabak oder Körner. Halten Sie dann Ihre Wünschelrute gerade vor sich hin und bitten Sie sie, Sie zu dem gewünschten Punkt zu führen.

Es kann sein, daß Ihre Hilfsmittel auf unterschiedliche Situationen auch verschieden reagieren. Wenn ich mit meinen Kleiderbügeln oder Schweißdrähten nach Wasser suche, überkreuzen sie sich oft oder wickeln sich um meinen Hals. Suche ich damit nach vergrabenen Elektroleitungen, so drehen die Stäbe sich nach links und rechts auseinander. Handelt es sich um einen Energiewirbel, schwingen sie auch voneinander weg. Es ist hilfreich, während der Suche Fragen zu stellen, wie: »Wo ist das reine, genießbare Trinkwasser?« Indem Sie das Wasser visualisieren, können Sie vielleicht sogar die Steine eines unterirdischen Flusses sehen oder die Steine einer Quelle.

Haben Sie einmal Wasser gefunden, gehen Sie über die Fläche, um leichten Zugang dazu zu finden. Beim Aufspüren von Elektroleitungen, schlängeln Sie sich hin und her über das Zielgebiet, um ihren Verlauf festzustellen. Denken Sie daran, daß Sie beim Gehen über das Land auch auf Feenkreise stoßen können, Kraftspuren, die die Feen beim Tanzen hinterlassen haben. Stoßen Sie auf solche, so durchqueren Sie sie aus Respekt nicht. Können Sie keinen Weg darum herum finden, dann warnen Sie das Feenvolk vor Ihrer Annäherung und bitten sie um Erlaubnis, bevor Sie ihren Bereich betreten. Solche Kreise auf dem Land zu finden, das Sie hüten, ist eine Ehre.

Pendel

Das Pendel ist unter allen Wahrsage-Instrumenten am leichtesten zu benutzen. Da der Pendelkörper an einem festen Punkt hängt, wird er frei hin und her schwingen und Ihnen auf Ihre Fragen mit Ja oder Nein antworten können. Sie brauchen nur so still wie möglich zu sein und Fragen zu stellen.

Ein Pendel können Sie entweder kaufen oder es selbst herstellen. Der nächste Schritt ist dann, festzulegen, welche Bewegung für »Ja« und welche für »Nein« steht und welche für »Vielleicht«. Der Einfachheit halber können Sie ein Vor-und-Zurück-Schwingen des Pendels als »Ja« und ein seitliches Schwingen als »Nein« festlegen, so wie wir nicken und den Kopf schütteln. Eine Kreisbewegung kann dann »Vielleicht«

bedeuten. Lassen Sie sich von dem Werkzeug sagen, was am besten ist.

Reinigen Sie Ihr Energiefeld, bevor Sie das Pendel verwenden. Das hält andere Kräfte davon ab, die Antworten zu beeinflussen, die Ihnen gegeben werden. Schließen Sie dazu Ihre Augen und atmen Sie mehrmals tief durch. Stellen Sie sich vor, daß ein Lichtregen über Ihren Körper fällt und außer den wohlwollenden Kräften alles beseitigt. Wenn Sie ein entspanntes und klares Gefühl haben, öffnen Sie die Augen und fahren Sie fort.

Um eine gesunde Kameradschaft mit Ihrem Pendel aufzubauen, halten Sie es in Ihrer dominanten Hand über die Tischoberfläche und beginnen damit zu arbeiten. Entspannen Sie die Hand und halten Sie sie so still wie möglich, wobei Sie Ja-Nein-Fragen stellen, deren Antwort Sie bereits kennen. Bewegt das Pendel sich nicht in die richtige Richtung, so stellen Sie geduldig weitere Fragen und warten Sie, was geschieht. Es braucht Übung, mit feineren Kräften dieser Art umzugehen. Versuchen Sie es auch mit der anderen Hand. Damit veranlassen Sie den Einsatz der Hirnhälfte, die Sie seltener benützen.

Heilige Gegenstände, Hilfsmittel und Zeremonien

Ohne eine Zusammenstellung von heiligen Gegenständen, Hilfsmitteln und Zeremonien ist eine Werkzeugtasche nicht vollständig. Die unten aufgelisteten können zur direkten Problemlösung verwendet werden – in Verbindung mit den dazugehörigen Rädern oder einzeln. Bemühen Sie sich beim Einsatz dieser Hilfsmittel wie immer um Klarheit. Und nehmen Sie sich auch einen Augenblick Zeit, den Hütern der Weisheit zu danken, die sie über Äonen liebevoll davor bewahrt haben, beeinträchtigt zu werden.

Es folgen nun einige der vielen heiligen Objekte und Handlungen, die in den drei jeweiligen Überlieferungen verwendet wurden. Weiterführende Literatur finden Sie im Anhang.

Vor allem aber üben Sie sich in Unterscheidungskraft: Füllen Sie Ihre Werkzeugtasche nur mit Gegenständen, die für *Sie* Bedeutung haben.

Hilfsmittel für Feng Shui

Die Werkzeuge des Feng Shui sind recht allgemein verwendbar und leicht zu handhaben. Folgend werden die Grundhilfsmittel der tibetischen Schwarzmützenschule aufgeführt.

Lichtreflektierende Gegenstände wie Spiegel und Kristalle. Im Feng Shui werden Spiegel benutzt, um eine Vielzahl von Gestaltungsproblemen zu beheben. Gut plaziert können sie negative Kräfte ablenken, das Innere eines Gebäudes mit einem Raum außerhalb seines Grundrisses verbinden und den Fluß des Ch'i umlenken. Kristalle sind gute Quellen für heilendes Licht und Energie und auch zur Reinigung von negativen Kräften und Umlenkung von Ch'i ausgezeichnet geeignet.

Zur Vorsicht: Bitte denken Sie daran, daß diese Hilfsmittel zwar stark durch die mit ihnen verbundene Absicht gesteuert werden, daß sie aber auch *in sich selbst* starke Kräfte haben. Ich fand, daß Spiegel energetische »Fenster« zwischen zwei Räumen schaffen können, was in vielen Fällen unerwünscht sein wird. Kristalle sollte man vor ihrem Einsatz verstehen. Um

Erkenntnisse über einen bestimmten Kristall zu gewinnen, entleeren Sie Ihren Geist und fragen Sie Ihre Geistführer, welche Gabe in diesem Kristall steckt.

Klang. Windglöckchen sind gut, um Energie zu zerstreuen. Solide, aus Metall gefertigte Glocken senden konzentrische Kreise von Ch'i aus. Hohle Glocken aus Metall oder Bambus sind eher geeignet, einen energetischen Schutzwall abzustrahlen. Aus der Reinheit unseres Herzens zu singen oder zu tanzen, kann göttliche Wesen anziehen. Trommeln, Pfeifen und Rasseln funktionieren auch gut, da sie negative Kräfte aufschütteln und sie in Schwingung auflösen.

Lebende Gegenstände. Ch'i wird durch die Schönheit der Natur angezogen. Aus diesem Grund empfehle ich den Gebrauch von Pflanzen oder Bäumen, um ein Ungleichgewicht innerhalb oder außerhalb eines Gebäudes auszugleichen. Außerdem plazieren viele Menschen gern echte oder dargestellte Goldfische in ihrem Eingangsbereich, um Kräfte anzuziehen, die mit der Wasserfülle in der Natur verbunden sind.

Bewegliche Gegenstände. Windsäcke, Wetterfahnen, Windmühlen und Mobiles können gestautes Ch'i bewegen helfen. Sie können schnell bewegtes Ch'i auch zerstreuen, wenn es durch einen langen, engen Durchgang hindurch läuft.

Schwere Gegenstände. Das Gewicht von schweren Gegenständen bringt Energie zur Erde zurück. Häufig läßt sich Ch'i durch Statuen, Steine und andere topografische Gestaltungen wie Pyramiden oder Berge erden. Auf der ganzen Welt haben die Kulturen, wie auch die alten Kelten, Megalithe als Zeichen genommen, um den Verlauf von Ley-Linien, heiligen Stätten und Heilquellen anzuzeigen.

Elektrizität. Feng Shui-Praktiker in China glauben typischerweise, daß Maschinen große Kraft darstellen. Sie halten eine elektronische Ausrüstung für ein Zeichen des Wohlstandes und Erfolgs. Als Umweltberaterin bin ich bezüglich der von Maschinen erzeugten elektromagnetischen Felder etwas vorsichtiger.

Flöten. Als ein heute allgemeines Symbol des Feng Shui tragen Flöten die alte Absicht, musikalische Harmonie und Schönheit zu schaffen. Werden sie mit dem Mundstück nach unten in einem Winkel aufgehängt, repräsentieren sie die Fähigkeit, die umgebende Energie durch die Macht der Harmonie und des Rhythmus zu heben.

Farben. Die Wirkung einzelner Farben hängt oft von der jeweiligen kulturellen Zuordnung ab. In China zum Beispiel ist Weiß die Farbe der Trauer, wird aber im Abendland von Frauen bei der Hochzeit getragen. Schwarz hingegen wird in China wegen seiner verschmelzenden Eigenschaften geschätzt, ist aber im Westen die Farbe der Trauer. Wenn Sie Farben als Lösungen verwenden, ist es das Beste, einfach Ihrer Intuition zu vertrauen. Sie können stets Ihre Geistführer fragen oder sogar die Farbe selbst, ob sie für einen bestimmten Bereich oder eine Anwendung paßt.

Andere. Persönliche Hilfsmittel, um den Fluß des Ch'i auszugleichen, können ebenso wirksam sein wie die traditionellen.

Ich benutze zum Beispiel oft Samen von Wildblumen, da sie überall greifbar sind und reichlich Energie in sich tragen. Vielleicht haben auch Sie Lust, dieses Mittel in den Hauptabschnitten des Bagua-Rades anzuwenden, nachdem Sie die Eigenschaften der Blumen, die Sie mögen, erforscht und ihre unterschiedlichen Persönlichkeiten beobachtet haben.

Im Bereich von Reichtum/Überfluß zum Beispiel können Sie feststellen, daß die Saat von Sonnenblumen, Obstbäumen oder andere Samen die Energie von blühendem Reichtum und neuem Wachstum übertragen sowie die Anmut und Schönheit, die zu wirklicher Fülle gehört. Sie können diese Samen entweder einpflanzen, um Ihre Absichten zur Frucht zu bringen, oder Sie werfen sie einfach in einen Korb und lassen sie ihre Magie wirken. Der Bereich von Beziehung/Ehe kann von Wicken- oder Nelkensamen bereichert werden, die für Liebe und Romantik stehen. Der Bereich Familie/Gesundheit könnte gut ansprechen auf die Samen oder Sprossen, die mit einer robusten Gesundheit und Vitalität assoziiert werden, wie etwa Bambus. Um diesen Bereich weiter zu stützen fügen Sie vielleicht Statuen von Elefanten hinzu, die traditionellerweise wegen ihrer starken Familienbande und ihres langen Lebens verehrt werden.

Indianische Werkzeuge

Die gesamten Eingeborenenvölker verwenden Hunderte von heiligen Gegenständen und haben vielfältigste Bräuche, um die Kräfte in ihrer Umgebung auszugleichen und zu harmonisieren. Die unten aufgeführten gehören zu den am weitesten verbreiteten.

Räuchern. Diese Sitte umfaßt das Verbrennen von Kräutern, Gräsern und Blättern zur Reinigung und Läuterung. Das Verbrennen von Salbei soll viele Krankheiten beseitigen und dient dem Körper zur Trocknung. Räuchern mit Zedern bringt Süße. Süßgras wirkt eher reinigend und erdend.

Ziehen des Kreises. Dieses heilige Ritual ruft die Weisheit, Führung und den Schutz der Geister der vier Himmelsrichtungen an. Man kann einen Raum durch das Ziehen des Kreises isolieren, bevor man eine rituelle Reinigung oder Gleichgewichtszeremonie durchführt.

Übung 7
Ziehen des Kreises

Dieses Ritual hat in vielen Kulturen Entsprechungen und wird verwendet, um die Sicherheit eines zu heilenden Raumes zu gewährleisten.

❧ Stellen Sie sich mit dem Gesicht nach Osten, schließen Sie Ihre Augen und rufen Sie laut die Geister des Ostens an, des Neubeginns, der durch den visionären Weg bezeichnet ist. Bitten Sie diese Geister um ihre Weisheit, ihre Führung, ihren Schutz und ihre Kraft für den zu ziehenden Kreis.

❧ Drehen Sie sich im Uhrzeigersinne und holen Sie die Kraft der Geister des Südens, Westens und Nordens entsprechend.

❧ Blicken Sie nach oben und rufen Sie Vater Himmel, Großmutter Mond und Großvater Sonne an, ihre Kräfte beizusteuern.

❧ Blicken Sie nach unten, rufen Sie Mutter Erde und bitten Sie sie, ihre Kraft beizusteuern.

❧ Laden Sie alle Wesen mit reiner Absicht und höchster Wahrhaftigkeit ein, sich dem Kreis anzuschließen.

❧ Erkennen Sie die Gegenwart aller Geister im Kreis an und begrüßen Sie ihre Weisheit und Führung und ihren Schutz.

❧ Wenn Sie die gewünschte Arbeit oder Heilung vollendet haben, entlassen Sie die Geister und danken Sie ihnen für ihre Liebe und Unterstützung.

Tanz. Da der Körper mit angeborenem Wissen und Weisheit ausgestattet ist, kann Tanz auf vielerlei Weise »sprechen«, wie Worte es nicht können. Tatsächlich ist Tanz eines der kraftvollsten Gebete und hilft, den physischen Körper und die umgebenden Kräfte in ein Gleichgewicht zu bringen.

Vielleicht wollen Sie einen Totemtanz durchführen, in welchem Sie die körperlichen Eigenschaften Ihres Totemtieres oder kosmischen Wesens annehmen, was eine sehr tiefgehende Art ist, sich mit einem solchen Wesen zu verbinden und Bewegungen zu erlernen. Oder vielleicht machen Sie sich den Tanz lieber von innen heraus entwickeln, indem Sie die Augen schließen und Ihren Körper sich einfach bewegen lassen.

Trommeln. In den indianischen Kulturen wiederholen die Trommeln den Herzschlag der Erde. Ihre Rhythmen werden auch verwendet, um Schamanen in andere Welten zu schicken. Die sibirischen Völker Ulchi und Nanai glauben tatsächlich, bei ihren Reisen »auf Trommeln zu reiten«. Wenn Trommeln Ihnen Freude macht, dann können Sie darüber nachdenken, dieses Werkzeug zum Eintritt in einen veränderten Bewußtseinszustand und zur Klärung von Ungleichgewichten aufzugreifen.

Keltische Hilfsmittel

Die meisten heiligen Gegenstände der frühen Kelten haben ihren Ursprung in Legenden und Überlieferungen. Die unten beschriebenen gehören zu den vielen, die die Grundlage für den Wiederaufbau gesunder Beziehungen zur Natur und zu Wesen aus anderen Ebenen bilden.

Kranichtaschen. Im keltischen Schamanismus enthalten die Kranichtaschen heilige Gegenstände, die in der medizinischen Praxis Verwendung finden. Die alten Kelten benutzten den Körper des Kranichs zum Halten ihrer Werkzeuge, weil man diesen hochbeinigen Watvögeln Zugang zu geheimem Wissen nachsagte. Ich habe in zweien dieser Taschen – eine in der physischen Wirklichkeit, die andere in anderen Dimensionen – die weniger greifbaren Hilfsmittel untergebracht, die mir gegeben wurden.

Heute werden die meisten »Kranichtaschen« aus Leder hergestellt. Um Häute dafür zu gewinnen, jagen manche der Hersteller noch auf die überlieferte Art: mit Achtung vor der Würde der Hirsche, Rinder oder Elche. Können Sie keinen solchen Hersteller finden, dann segnen Sie die Haut, die Sie finden können und danken Sie dem Tier, das sie Ihnen zur Verfügung stellt. Bitten Sie seinen Geist um einen Segen und um Rat, weil es durchaus zu einem Verbündeten werden kann. Der Tiergeist wird Ihnen für Ihre Liebe und Hilfe dankbar sein, besonders wenn Sie mit ihm zu seiner Todesstunde zurückgehen und seinen Schock und Schmerz lindern. Bevorzugen Sie eine Stofftasche, so fertigen oder wählen Sie eine, die aus Baumwolle, Leinen, Hanf, Wolle oder einer anderen Naturfaser besteht.

Die Größe und das Aussehen Ihrer Tasche hängen ganz von Ihnen ab. Sie sollte groß genug sein, Ihre Werkzeuge zu enthalten, aber auch kompakt genug, daß Sie sie leicht tragen können. Sie können Motive darauf malen oder sie ungeschmückt lassen.

Kessel. Dabei handelt es sich um heilige Gefäße, die etwas aufnehmen sollen oder auch zum Wahrsagen benutzt wurden. Keltische Schamanen der alten Zeit füllten ihre Kessel mit Wasser und blickten hinein, um Botschaften oder Visionen zu empfangen, so wie heutige WahrsagerInnen eine Kristallkugel benutzen.

Ein Kessel symbolisiert wesentlich Wissen, das als Nahrung weitergegeben wird, eine Bedeutung, die in der Geschichte »Taliesin und der Kessel« aus dem sechsten Jahrhundert lebendig wird. Taliesin lebte damals in Wales und war der höchste Barde in Britannien. Obwohl seine Dichtung und seine Lieder bis heute Bestand haben, ist seine Herkunft in der Welt des Mythos geblieben, wie die folgende Zusammenfassung der Geschichte zeigt.

Ceridwen war eine in magischen Künsten bewanderte Göttin mit zwei Kindern – einem Sohn namens Morfran (Große Krähe) und einer Tochter namens Creirwy (Geliebte). Da Ceridwen sich um die Häßlichkeit ihres Sohnes Sorgen machte, beschloß sie, einen Kessel der Weisheit und Inspiration aufzusetzen, der ein Jahr und einen Tag lang kochen sollte, damit drei Tropfen der Inspiration ihrem Sohn dazu verhelfen könnten, daß ihn die Menschen wegen seiner Weisheit schätzen und seinen gräßlichen Anblick übersehen. Sie setzte einen Jungen aus dem Dorf namens Gwion Bach zum Aufpassen davor, als sie Kräuter sammeln ging. Während Ceridwen fort war, spritzten drei Tropfen aus dem Kessel und landeten auf Gwions Daumen, der diesen prompt ableckte, um den Schmerz zu lindern. Dabei erlangte er alles Wissen, das man haben konnte.

Sofort floh Gwion in der Gewißheit, daß Ceridwen ihn töten würde, wenn sie herausfand, was geschehen war. Als sie ihn verfolgte, wandelte er seine Gestalt in einen Hasen, einen Fisch, einen Vogel und schließlich in ein Weizenkorn. Auch Ceridwen verwandelte sich in verschiedene Tiere, bis sie schließlich zu einer Henne wurde und das Weizenkorn, welches Gwion war, verspeiste. Das Korn gelangte in ihre Gebärmutter, wo es innerhalb von neun Monaten zu einem schönen Kind heranwuchs. Das Kind war so zart, daß Ceridwen es nicht töten konnte; statt dessen legte sie es in eine Lederschachtel und setzte diese auf einem Fluß aus.

Kurz darauf fand ein Adliger die Schachtel beim Fischen in einem Büschel Schilf und schnitt sie auf. Als erstes fiel sein Blick auf die »strahlende« Stirn, weshalb das Kind Taliesin genannt wurde, (was leuchtende oder strahlende Stirn bedeutet).

So wurde Taliesin also als Sohn eines Edelmannes aufgezogen und erlebte später viele Abenteuer als Dichter und Barde.

In der keltischen Praxis bestehen die meisten Kessel – wie auch derjenige der Ceridwen – aus getriebenem Eisen. Zum allgemeinen Gebrauch aber sind Gefäße aus Holz oder Keramik oder sogar große Muscheln leichter zu tragen und sehr wirksam. Man vermeide aber Plastik– oder Aluminiumgefäße, die Rückstände abgeben. Ich selbst benutze eine geschnitzte Holzschüssel von 35 cm Durchmesser. Suchen Sie sich für Ihre Werkzeugtasche eine Schale aus, die Sie mögen, und füllen Sie sie bei Vollmond mit Wasser, um Fülle anzuziehen. Sie kann auch mit Wasser gefüllt werden, um Botschaften über Ihre Umgebung zu offenbaren oder unerwünschte Energie zu beseitigen, welche dann in einen Fluß gegossen oder von der Erde absorbiert oder neutralisiert werden kann.

Sprechende Stäbe. Keltische Schamanen benutzten traditionell 1,20 bis 1,50 Meter lange Holzstäbe, um Informationen von den Klienten einzuholen. Schamane und Klient legten ihre Hände auf den Stab, und dieser brachte die erforderlichen Informationen über das Leben des Klienten und machte Vorschläge, ein besseres Gleichgewicht zu finden.

Gehen Sie, um einen eigenen Redestab zu finden, in den Wald und suchen nach einem herabgefallenen Ast, den Sie auf die passende Länge zurecht schneiden können. Oder kaufen Sie sich einen Wanderstab. In jedem Falle sollen Sie wissen, daß Ihr sprechender Stab Sie sicher auf der Reise durch andere Ebenen führen kann.

Der »Silberzweig«. Viele keltische Legenden beziehen sich auf den Silberzweig, der als ein Bindeglied zwischen innerer und äußerer Welt gesehen wurde. Ursprünglich erhielt König Cormac von Irland diesen Zweig als ein Geschenk von einem »anders-weltlichen Fremden« und verwendete ihn, um sein Volk von körperlichen Gebrechen und Leiden zu heilen. Heute verbinden viele diesen Zweig mit dem gehörnten Waldgott Cernunnos und mit den Feen.

Suchen Sie sich als Ihren eigenen Silberzweig einen Zweig von einer Birke oder Erle und fragen Sie ihn nach seinen heilenden Eigenschaften.

Umhänge. In keltischen Legenden sind mit Umhängen häufig Federmäntel namens *tuigen* gemeint, die eine hohe Autorität bezeichnen. Aus dem gleichen Grunde trugen die Schamanen Hawaiis Kapuzen aus Vogelfedern. Einen solchen Umhang während einer Zeremonie zu tragen, versetzt den Träger in eine andere Seinsebene und läßt sie oder ihn die Persona des Vogels als eines Führers zu Informationen annehmen.

Ich habe die Verwendung von Umhängen schätzen gelernt, als einer meiner Verbündeten mir die Kraft von ritueller Kleidung zeigte, die während einer Zeremonie Mittel des Schutzes und der Transformation sein kann. Nun besitze ich einen Umhang auf dieser Seite und einen auf jener, die ich bei Bedarf zum Schutz und zur Unsichtbarkeit verwende. Auch Sie können einen Umhang zum zeremoniellen »Sehen« und »Hören« benutzen. Denken Sie bitte daran, Ihren Umhang nie leichtfertig oder unachtsam anzulegen, denn eine solche Handlung kann ziemlich unerfreulich auf Sie zurückwirken.

Teil III

Anwendung alter Weisheit in der heutigen Welt

Kapitel 9

Eine gesündere Umgebung in Heim oder Büro

Unmöglich bedeutet, daß du die Lösung noch nicht gefunden hast.

unbekannt

Das Ausgleichen des Energieflusses durch ein Gebäude bedeutet traditionell, die Umrisse und Kraftlinien des umgebenden Landes zu bewerten, den Einfluß der Elemente abzuschätzen und Leerräume ebenso zu entdecken wie Bereiche mit dahin schießender, aufeinander prallender oder gestauter Energie innerhalb einer Struktur. Heute müssen wir uns mit viel mehr beschäftigen, denn wo früher nur die Lebensenergie durch eine Anlage floß, werden jetzt Gebäude und Bewohner von neuen Faktoren beeinflußt, zu denen eine viel mobilere Bevölkerung, Elektrizität und ein breites Spektrum von Giften gehören.

Für die PraktikerInnen der Gaiamantie sind deshalb Stabilität und Sicherheit der Umwelt ebenso wichtig wie Harmonie, Gleichgewicht und Anmut es für die alten Taoisten waren. Wie wir schon sahen, kann ein Mangel an Erdung uns Gaias Schutz und liebender Weisheit entziehen. Und giftige Umgebungen wirken an sich körperlich und emotional entkräftend. Sie haben auch einen deutlichen Einfluß auf das Ch'i, ein selten beachtetes Thema.

Das Kranksein an der Umwelt (amerik.: *environmental illness*, EI), auch bekannt als multiple Überempfindlichkeit auf Chemikalien, ist inzwischen in vielen amerikanischen Bundesstaaten und Institutionen als Behinderung anerkannt. Als ich Ende der siebziger Jahre selbst EI entwickelte, gab es zu alternativen Produkten und Baumaterialien nur wenige Informationen. Ich begann also selbst mit Forschungen, sprach mit Herstellern und Bauunternehmern und anderen Leuten meiner Branche. Ältere Handwerker und Bauleute erzählten mir, wie vor der Chemiewelle, die nach dem Zweiten Weltkrieg einsetzte, Gebäude konstruiert worden waren. Außerdem konnte ich ein paar verantwortungsbewußte Hersteller ausmachen, die sich noch für Qualität und Sicherheit einsetzten, die nur ungiftige oder schwach giftige Materialien verwendeten und die auch willens waren, Fragen zu beantworten. Ihre Produkte benutzte ich in meinem eigenen Haus und in bestimmten Geschäfts-, Wohn- und Verwaltungsgebäuden. Heute folgen viele Hersteller diesen Pionieren in der Fertigung von Reinigungsmitteln bis zu Shampoos und von Teppichen bis zu Haustierzubehör. (Herstelleradressen siehe Anhang)

Vergiftungen verhindern

Bildung ist der beste Schutz gegen die Umweltgefährdungen. Informierter und überlegter Konsum ist dabei wesentlich, da das menschliche Hormonsystem äußerst empfindlich ist und sogar von kleinen Giftdosierungen in der Umgebung beeinträchtigt werden kann. Angesichts einer toxischen Überlastung kann es seine Funktion ganz einstellen, wie ich aus erster Hand entdecken mußte.

Zunächst einmal ist es wichtig, Etiketten zu beachten, denn trotz der Zunahme an gesundheitsfreundlichen Herstellern, sind nicht alle Haushalts- und Hygieneprodukte das, als was sie erscheinen. »Recycled« zum Beispiel bedeutet nicht unbedingt »sicher«, sondern nur daß das betreffende Material schon einmal verwendet und dann in ein neues Produkt umgewandelt worden ist. Das hübsche Weiß vieler Recycling-Papiere beispielsweise weist gewöhnlich darauf hin, daß sie Spuren von Dioxin enthalten, einer Verbindung, die bei der Chlorbleiche der Zellulose auftritt, die in den ursprünglichen Papierwaren enthalten war. Dioxin gilt als die giftigste aller Chemikalien, die vom amerikanischen Umweltamt (EPA) überwacht werden, und verursacht Krebs, Geburtsfehler, Leberschäden, Hauterkrankungen, Immunschwäche, Hormonstörungen und eine Abnahme der Vitaminspeicherung. Andere Nebenprodukte der Chlorbleiche wie Furane und Chloroform sind ebenfalls sehr giftig.

Vom Chlor selbst kennt man die Schädlichkeit für Ökosysteme, und es hat eine interessante Geschichte. Dieses Halogen wurde im Ersten Weltkrieg als chemische Waffe eingesetzt. Nach dem Krieg sollten die übriggebliebenen Gasvorräte entsorgt werden, und man überführte sie in die Herstellung von Haushaltsprodukten. Je lukrativer Produkte auf Chlorbasis wurden, um so mehr Werbung wurde für sie gemacht, und um so besessener wurden die Amerikaner vom Bleichen und Desinfizieren. Am Ende des Ersten Weltkrieges war das Chlor aus einer Kriegswaffe zum letzten Schrei der Reinlichkeit geworden.

Wenn Sie sich die Etiketten anschauen, um die Giftigkeit Ihrer alltäglichen Umgebung zu reduzieren, dann betrachten Sie »chlorfrei gebleicht« als ebenso wichtig wie »recycled«. Dennoch bleibt unsere Welt so weitgehend von Chlor verseucht, daß sie der Begegnung mit diesem Element nicht ausweichen können. Vielleicht mögen Sie zum Beispiel weiches Toilettenpapier, das meistens auch weiß ist. Vor einem solchen Dilemma stehend, folgen Sie Ihrer Intuition und setzen Sie Prioritäten.

Sehen Sie sich auch die Etiketten auf Reinigungsmitteln genau an. Wählen Sie von Duft- und Farbstoffen freie Mittel mit den geringsten Mengen an Phosphor und Weißmachern. Ziehen Sie das Quellenverzeichnis am Ende des Buches zu Rate, um weitere Tips zur Reduktion giftiger Chemikalien zu finden.

Abgesehen vom Beachten der Etiketten, untersuchen Sie die Luftqualität. Ein verbreiteter Verschmutzer der Raumluft ist Radon, ein farbloses Gas, das aus Böden heraussickert, die Uran, Granit, Schiefer, Phosphat und Pechblende enthalten. Radon hat eine absenkende Wirkung auf das Ch'i und steht außerdem im Verdacht, Lungenkrebs hervorzurufen. Suchen Sie in den Gelben Seiten nach Instituten, die derartige Kontaminationen feststellen können. In Gegenden mit vorherrschendem Granit ist besonders mit einer Radonexposition bei Gebäuden zu rechnen.

Andere Wohnraumgifte setzen sich überwiegend aus flüchtigen organischen Verbindungen zusammen. Formaldehyd ist eines der schädlichsten von diesen, es ruft Krebs und

Zellmutationen hervor. Dieses ebenfalls farblose Gas findet sich in Gebäuden mit Isolierungen und Dichtungen aus Urea-Formaldehyd-Schäumen, Baumaterialien, die in den USA einmal verboten waren. Symptome einer Empfindlichkeit gegen dieses Gift sind: Asthma, Reizungen des Ohrs, der Nase und des Halses, Nasenbluten, Depression und Schäden am Zentralnervensystem. Durch Formaldehyd laufendes Ch'i kann den Willen schwächen.

Andere organische Gase treten in Reinigungsmitteln wie auch in Farben, Versiegelungen und Klebern auf. Viele dieser Verbindungen erzeugen Krebs, Nieren- oder Leberschäden und embryonale Schäden. Häufige erste Vergiftungssymptome sind Reizungen an Augen und Hals. Obwohl die Giftwirkungen von einigen dieser Stoffe nachlassen, ist es am besten, Produkte einzukaufen, die frei davon sind.

Wie können Sie feststellen, ob ein Produkt solche gasförmigen Kohlenwasserstoffe enthält? Fragen Sie Ihren Händler nach einer genauen Analyse der Inhaltsstoffe seitens des Herstellers. Hat der Händler keine vorliegen, kann er sie sich schicken lassen. Die Hersteller sind verpflichtet, auf Anfrage solche Angaben zur Sicherheit der Produkte zu machen. Allgemeinere Informationen zu Giftstoffen, Vergiftungen und Meßverfahren finden Sie im Anhang. Außerdem kann Ihnen das Gesundheitsamt Auskünfte geben.

Bis zu einem gewissen Punkt können auch Pflanzen bei der Entgiftung helfen, indem sie Gifte absorbieren und die Luft reinigen. Bei Forschungen über die Sicherheit von Raumstationen fand die NASA heraus, daß bestimmte, in versiegelte Räume mit Formaldehyd und anderen Giftgasen gesetzte Pflanzen die

Konzentration dieser Gase innerhalb von vierundzwanzig Stunden um bis zu 85 % reduzieren können. Diese Studienergebnisse zeigen, daß das grüne Volk wirklich ein hingebungsvoller Verbündeter ist: Zierspargel und Philodendren sind große Wohltäter, Cleomen *(Chlorophylum elalum)* und *Philodendron oxycardium* absorbieren Formaldehyd von Möbeln, Stoffen und Reinigungsmitteln. Gänseblümchen, Lilien und Chrysanthemen nehmen Kohlenwasserstoffe und andere Chemikalien von Reinigungsmitteln, Versiegelungen und Klebern auf. Und Efeu assimiliert Benzol, eine giftige Flüssigkeit, die als Lösungsmittel verwendet wird.

Bei einer starken chemischen Überlastung werden jedoch auch unsere Verbündeten sterben. Vorbeugend können wir unseren Pflanzen von Zeit zu Zeit gute Luft zuführen und ihnen gleichzeitig unsere Dankbarkeit vermitteln. Besser aber ist es, klüger einzukaufen!

Beurteilung eines Umfeldes

Machen wir uns nun auf den Weg durch unseren Wohnbereich. Hier werden wir nun Ihr Haus oder Büro nicht so sehr im Hinblick auf Anordnung und Entwurf beurteilen – was wir bereits getan haben, als wir die Räder der Gaiamantie ansprachen –, sondern mehr auf unerwünschte Umwelteinflüsse achten. Die Lebensqualität der Jahrtausendwende hängt von der Totalität dieser Faktoren ab. Wie schon zuvor werden wir mit der Außenregion beginnen.

Ihre Gemeinde

Gemeinden mit langfristigen Bewohnern oder Besitzern von geschäftlich genutztem Gelände werden Stabilität und einen kraftvollen Fluß des Ch'i vermitteln. Denn die Menschen neigen dazu, dort zu bleiben, wo sich ihr Leben üppig und gut anfühlt. Aber vermeiden Sie, Stabilität für »gut« und Flüchtigkeit für »schlecht« zu halten, denn es gibt Lebensphasen, in denen die Vergänglichkeit für das Wachstum wichtig ist. Wenn Sie sich einer dieser Abzweigungen nähern, dann kann eine Nachbarschaft mit wechselnden Bewohnern und einer Vielfalt von Aktivitäten gerade die richtigen Anreize, Unterstützung und Vitalität bieten, die Sie benötigen.

Wenn Ihre Gemeinde andererseits eine hohe Fluktuation und veränderliche Energie aufweist und Sie gerade nach Stabilität suchen, gibt es eine Reihe stabilisierender Lösungen. Eine besteht darin, Gegenstände oder Bilder, die Stabilität repräsentieren, in das Herz oder die Mitte Ihres Hauses oder Ihres Arbeitsplatzes zu legen. Man kann eine Erdung erreichen, indem man Bilder von friedlichen Anblicken zeigt, wie von Bergen – wobei die weichen, abgetragenen Hänge und Gipfel besser sind als die scharfen und schroffen – oder von Pyramiden, die auf Metall oder Ton gezeichnet sind, aber nicht auf Glas, da dieses für einen solchen Zweck zu wenig Substanz hat. Ist das Herz Ihres Ortes ein Flur oder eine Halle, dann können Sie über einen ovalen oder runden Läufer in Grün- und Brauntönen nachdenken oder an ein Fußbodenmuster aus Ziegeln oder Holz. Wenn Sie in einem Büro arbeiten, wo »Ausbesserungen« verboten sind, setzen Sie eine klare und feste Absicht für Stabilität, die Sie täglich mental und geistig bekräftigen.

Beachten Sie als nächstes die Straße vor Ihrer Tür. Ist sie kurvig oder gerade? Ursprünglich wurden einmal die Straßen den natürlichen Formen der Erde angepaßt; dann führten die Römer schon in vorchristlicher Zeit gerade Straßen ein, weil diese eine schnelle Bewegung von Truppen und Nachschub ermöglichten. Das Schachbrettmuster vieler moderner Großstädte ist ein direkter Abkömmling der geraden, von den Römern durchgesetzten Linien, die offenbar wenig Verständnis dafür hatten, daß gewundene Straßen zum menschlichen Wohlbefinden beitragen.

Dem schnellen Abfließen von Ch'i durch die beschleunigte Verkehrsbewegung auf flachen und geraden Straßen wirken Sie am besten entgegen, indem Sie es *von Ihrer Tür fernhalten*. Windglocken, Windsäcke und andere Hilfsmittel aus dem Feng Shui, die im achten Kapitel aufgeführt sind, können hier als wirksamer Schutz eingesetzt werden.

Verwenden Sie Wünschelruten oder ein Pendel, um über- oder unterirdische Kraftlinien aufzuspüren. Für weniger subtile Energien, wie Wechselstromfelder um Ihr Gebäude, kaufen Sie sich ein Gauß-Meter. Der beste aller Detektoren ist aber Ihre Intuition. Hören Sie auf die »Stimme« des Landes, an die Sie sich mit Hilfe von Übung 8 wenden können, und auf Ihre körperlichen Reaktionen darauf. Ihr Körper wird es Sie wissen lassen, wenn irgend etwas nicht im Lot ist. Je besser Sie hören und fühlen können, um so wahrscheinlicher werden Sie Lösungen erspüren können, die zu Harmonie und Gleichgewicht führen.

Übung 8
»Hören«

Diese Übung wird zu einer Verfeinerung nicht nur Ihres Hörens sondern aller Ihrer Sinneswahrnehmungen beitragen. Je mehr Sie damit arbeiten, um so eher werden Sie zu einer empfänglichen Lebenshaltung finden, bis eine solche schließlich spontan auftreten wird.
(Bitte beachten Sie: Obwohl sich die folgenden Anweisungen auf das Hören draußen beziehen, kann diese Übung auch in Räumen durchgeführt werden, damit Sie innere Ungleichgewichte schärfer wahrnehmen.)

❧ Setzen Sie sich draußen still hin. Schließen Sie die Augen und nehmen Sie ein paar tiefe, lange Atemzüge.

❧ Lassen Sie Ihren Körper entspannen, von den Zehen bis zum Scheitel. Wenn Sie völlig entspannt sind, werden Sie leichter in der Lage sein, sich auf Ihre inneren Kommunikationszentren einzustimmen.

❧ Bitten Sie in Geist und Herz darum, mit der Erde zu sprechen. Sobald Sie eine offene Kommunikationslinie mit Gaia fühlen, stellen Sie zwei oder drei klar formulierte Fragen.

❧ Hören Sie auf Gaias Antworten. Hören Sie tief und geduldig, als seien Sie in telefonischen Kontakt mit jemandem, um den Sie sich sorgen. Fühlen Sie sich an irgendeinem Punkt nicht sicher oder unwohl, dann bitten Sie Ihre Schutzgeister oder Geistführer und Schutz; jedoch wird Ihre Sicherheit nie bedroht sein, wenn Sie sich wirklich an die Quelle wenden.

Das Land, das Sie hüten

Jeder Mensch ist für Land verantwortlich, selbst Mieter eines Penthouse. Das ist der Fall, weil alle Gebäude auf einem Fundament ruhen, das von der Erde gehalten und gestützt wird.

Um das Land, für das Sie verantwortlich sind, zu beurteilen, schicken Sie Ihre Aufmerksamkeit zunächst in die Erde, wie es in Übung 1 beschrieben ist. Nehmen Sie dann eine Handvoll Erde und »fühlen« Sie sie. Nehmen Sie eine kleine Menge auf die Zungenspitze, wie im sechsten Kapitel beschrieben, und schmecken Sie die »Süße« der Erde. (Stellen Sie aber sicher, daß der Boden, mit dem Sie eine solche Verbindung aufnehmen, frei ist von chemischen Rückständen, Erdölderivaten, Pestiziden und anderen Giften.) Was sagen Ihnen Ihre Sinne über die Gesundheit des Bodens? Wenn das von Ihnen gehütete Land mit Asphalt oder Beton bedeckt ist, dann schließen Sie Ihre Augen und erforschen den Boden darunter mit Ihrer *Intuition*. Denken Sie daran, daß die Intuition ein kraftvolles Wahrnehmungsorgan ist.

Nachdem Sie die Erde mit Ihren Empfindungen erkundet haben, können Sie die Geister Ihres Landstückes anrufen. Sie werden durch die Bilder, Gerüche oder Botschaften antworten, die Sie dann empfangen. Vielleicht verspüren Sie auch ein Kribbeln in den Armen oder Beinen oder einen Schauer entlang Ihrer Wirbelsäule. Wenn Sie die Gegenwart eines Geistes spüren, fragen Sie ihn nach dem Gleichgewicht und der Harmonie in diesem Stück Erde, und verwenden Sie den in Übung 8 geschulten Hörsinn, um die Antwort zu empfangen. Wenn Sie nicht gleich eine Antwort »hören« können, versuchen Sie es später wieder. Da in unserer Kultur solche subtilen Wahrnehmungen nicht allgemein anerkannt werden, kann es einige Zeit brauchen, sich darauf einzustellen. Die besten Ergebnisse erzielen Sie, wenn Sie alle Erwartungen loslassen und sich selbst mit Verständnis und Mitgefühl begegnen. Die Geister des Landes werden Sie für Ihre Geduld, Achtung und Ihren Respekt mit ihrer Weisheit belohnen.

Zusätzlich zum Erlangen von Informationen über das allgemeine Befinden des Landes, auf dem Sie leben, untersuchen Sie es auf Umweltgifte. Eine mit Kunstdünger behandelte Wiese kann eine Reihe Probleme aufwerfen, wobei es dann besser ist, den Kunstdünger durch einen natürlichen zu ersetzen. Wenn Sie in einer Eigentumswohnung oder einem Appartement wohnen, sprechen Sie mit dem Management oder der Eigentümergemeinschaft darüber, weniger giftige Produkte einzusetzen und laden Sie Ihre Nachbarn ein, sich mit zu engagieren – mehr Stimmen haben mehr Macht! Allein solch eine Lösung wird schon tiefe Auswirkungen auf Ihr Wohlbefinden und das Ihres Gebäudes haben.

Das Gebäude, in dem Sie leben oder arbeiten

Während wir durch Ihr Heim oder Büro gehen, werden wir die verschiedenen Formen von Giften kennenlernen. Da die meisten Baustoffe und Einrichtungen etwas Gift enthalten, kommt es darauf an, ihre Häufung so gering wie möglich zu halten.

Haustür/Eingang

Was licgt Ihrer Haustür gegenüber? Idealerweise sollte der »Mund« Ihres Gebäudes, wie auch der Mund Ihres Körpers, gesunde Nahrung aufnehmen. Was sehen Sie, wenn Sie sich den Vorplatz ansehen? Wenn die Haustür direkt auf die Straße geht, brauchen Sie vielleicht Pflanzen, die das Kohlendioxid und andere Stoffe vom vorüber fahrenden Verkehr aufnehmen. Für einen gesunden und ausgeglichenen Lebensraum ist gute Nahrung am Eingang wesentlich.

Wenn Sie sich dies vor Augen halten, wollen Sie sich vielleicht auch angewöhnen, sich an der Eingangstür die Schuhe auszuziehen, damit Sie kein Blei oder andere Gifte hereintragen, die in die Luft geraten und eingeatmet werden können. Wenn Sie das Gebäude durch eine angrenzende Garage betreten, achten Sie darauf, die Schuhe an dieser Tür zu lassen. Vielleicht stellen Sie auch einen Korb mit dicken Socken und einen Stuhl zum Schuhwechsel an die Haustür und bitten Ihre Freunde und Bekannten, Ihnen und Ihrer Wohnung gegenüber so höflich zu sein, sich die Schuhe auszuziehen. Obwohl es gewöhnungsbedürftig ist, besonders in den Landesteilen, wo man leicht kalte Füße bekommt, werden Ihre Gäste es bald als angenehm empfinden, die »Außenwelt« an der Haustür abzulegen.

Wohnzimmer

Haben Sie einen Teppichboden? Bei einem solchen ist es recht wahrscheinlich, daß er flüchtige Kohlenwasserstoffe ausströmt, in welchem Falle Sie wahrscheinlich sowohl den Teppich als auch das Polster darunter versiegeln wollen. Teppiche sammeln auch Staub, der sich aus Milben, Haaren, Pollen und Schimmelpilzsporen, aus Insektenkot und -teilen zusammensetzt. Um solche Verschmutzungen zu beseitigen, sollten Sie sich einen guten Feuchtstaubsauger besorgen und ihn häufig verwenden. Der beste Ausweg aus dem Dilemma mit den Teppichböden sind regelmäßig gesaugte Holzböden mit Teppichen und Läufern, die man ausschütteln kann.

Das Lüftungssystem der Heizung und der Klimaanlage sollte regelmäßig gereinigt werden. Suchen Sie in den Gelben Seiten nach einer Firma, die einen solchen Service anbietet.

Das Wohnzimmer ist oft auch Ausgangspunkt der elektromagnetischen Energie, die von Elektroheizungen, Stereoanlage, Fernseher, Computer und Telefon ausstrahlt. (Kühlschränke, Toaster, Elektroöfen, und Mikrowellengeräte können ebenso problematisch sein.) Elektromagnetische Felder senden positive Ionen und Strahlung aus, die bei einem Einfluß über längere Zeiträume hinweg in die intrazelluläre Kommunikation eingreifen kann und die Geschlechtsorgane, die Epiphyse, die natürlichen Körperrhythmen, die Krebsabwehr und die Verhaltensmuster beeinflußt.

Durch die Wohnraumwände laufende Drähte führen ständig Spannung, sofern Sie nicht den Strom am Sicherungskasten abstellen. Angesichts solcher drastischer Maßnahmen, können Sie die Wahrscheinlichkeit einer Überlastung mit positiven Ionen wenigstens vermindern, indem Sie sich beim Fernsehen mindestens zwei Meter vom Bildschirm entfernt hinsetzen, denn auf diese Distanz fällt das Feld stark ab. Setzen Sie sich auch so weit als möglich von Ihrem Computerschirm, der langwellige Strahlung mit positiven Ionen aussendet. Ein Generator für negative Ionen hilft, diese Energie zu neutralisieren, obwohl eine Springbrunnen mit bewegtem Wasser, der auf natürliche Weise negative Ionen aussendet, die einfachere Lösung darstellt.

Küche

Eine Küche kann zu einem chemischen Kriegsgebiet werden. Schauen Sie zum Beispiel einmal unter den Spülstein. Welche Reinigungsmittel »verbergen« sich dort? 95 Prozent aller Amerikaner und Europäer haben unter der Spüle eine Kolonne giftiger Reiniger stehen. Ironischerweise lagern viele Familien diese Substanzen außerhalb der Reichweite von Kindern, wobei sie selten darüber nachdenken, daß die giftigen Dämpfe besser auch dem Bereich der Erwachsenen fernbleiben sollten.

Es ist klug, die giftigen Reinigungshilfen durch Alternativen zu ersetzen, die auf ungiftigen Grundstoffen wie etwa Soda oder Borax beruhen. Essig und Teebaumöl können vielfältig verwendet werden, vom Fensterputzen bis zur Schaumbremse, und von der Schimmelbekämpfung bis zur Farbstabilisierung bei Kleidern. Es gibt auch Spülmittel für Maschinen, die frei sind von Isopropylalkohol, und Rohrreiniger, die auf enzymatischen Reaktionen statt auf Laugen beruhen. Außerdem sollten Sie Aluminiumtöpfe durch solche aus Edelstahl ersetzen, denn Aluminiumspuren im Gehirn sind durch ernsthafte Forschungen mit der Alzheimer Erkrankung in Verbindung gebracht worden.

Schlafzimmer

Die meisten Menschen verbringen ein Drittel Ihres Lebens im Schlafzimmer – ein Grund mehr, darauf zu achten, daß dieses Refugium der Entspannung und des Schlafes so wenig belastet wird wie möglich. Wenn Sie eine elektrische Uhr oder einen Radiowecker benutzen, dann stellen Sie diese von Ihrem Kopfende entfernt auf oder ersetzen sie – besser noch – durch eine Batterieuhr. Benutzen Sie Bettzeug aus Naturfaser, und waschen

Sie neues Bettzeug mehrmals, um es von Formaldehyd zu befreien. Saugen Sie die Matratze mindestens einmal im Monat ab. Unter dem Bett sollten Sie häufiger saugen, um sämtliche Staubflocken zu entfernen, die Atemprobleme und allergische Reaktionen hervorrufen, welche einen gesunden Schlaf stören können. Wenn Sie einen Teil des Schlafzimmers zum Aufbewahren von Sachen verwenden, dann räumen Sie diesen auf und reinigen ihn. Das Schlüsselwort heißt: *Entrümpeln!*

Eine meiner Klientinnen war derart empfindlich gegen elektromagnetische Ströme in ihrem Schlafzimmer, daß sie nachts nicht schlafen konnte. Abgesehen von der Schlaflosigkeit litt sie auch an Nervosität und Schwindel. Um dieses Problemes Herr zu werden, beschlossen wir, einen Schalter am Eingang des Schlafzimmers anzubringen, damit sie den Strom abstellen konnte, wenn sie ins Bett ging. Diese Lösung wirkte so gut, daß sie nach der Kontaktunterbrechung zum ersten Mal seit Jahren tief und friedlich schlafen konnte.

Wenn Sie Schwierigkeiten haben, nachts zu schlafen, können Sie – bevor Sie Ihre Schalter verlegen – ein einfaches Gauß-Meter einsetzen, um die elektromagnetischen Felder in und um Ihr Schlafzimmer auszumessen. Im Anhang finden Sie Adressen, unter denen Sie Meßgeräte und andere Hilfsmittel zum Umgang mit elektromagnetischen Feldern finden können.

Badezimmer

Wenn sich schon die Küche als ein chemisches Kriegsgebiet erwiesen hat, kann auch das Bad sich als Arsenal giftiger Reiniger zeigen. Überprüfen Sie also die Reinigungsmittel im Schrank, und ersetzen Sie diejenigen, die Giftstoffe enthalten, durch natürliche Alternativen – und lassen Sie sich beruhigen: Die

Benutzung natürlicher Reinigungsmittel führt nicht zu einem Tennisellbogen. Mehrere Firmen bieten hier ein breites, wirksames Sortiment an biologisch abbaubaren Mitteln an.

Allzweckraum

Ersetzen Sie auch hier wachsamen Auges alle giftigen Produkte durch sichere Alternativen. Bei einer solchen Generalüberholung vermindern Sie gleichzeitig Ihr eigenes Risiko gegenüber Giftstoffen und unterstützen Firmen, die sich für sichere Haushalte und einen gesünderen Planeten einsetzen. Reinigen Sie regelmäßig das Fusselsieb in Ihrem Trockner, um zu verhindern, daß diese Partikel in Ihrer Atemluft landen. Um die Wahrscheinlichkeit zu vermindern, daß andere Schwebeteilchen Ihre Atemwege reizen, bewegen Sie alle paar Monate Ihre Möbel und reinigen Sie den dahinter angesammelten Staub und Schmutz.

Garage

Wenn Sie über eine an das Haus angebaute Garage verfügen, dann parken Sie zunächst Ihr Auto mit dem Auspuff von Ihrem Haus entfernt. Entfernen Sie nach Möglichkeit auch alle hier gelagerten flüchtigen Chemikalien. Diejenigen, die Sie behalten möchten, sollten sachgemäß untergebracht werden. Bringen Sie die Behälter mit den giftigen Chemikalien in die Sondermüll-Entsorgung Ihrer Gemeinde.

Hof

Verwandeln Sie Ihren Hof von einem Lager für Düngemittel und andere Chemikalien in einen leicht zu pflegenden Garten und Spielbereich. Fragen Sie bei der örtlichen Baumschule nach heimischen Pflanzen, die in Ihrer Region gefährdet sind. Wenn Sie in Ihrem Garten solche Sorten ziehen, können Sie auf Kunstdünger verzichten, den Wassereinsatz reduzieren und für den natürlichen Haushalt von großem Nutzen sein. Wenn es Zeit ist, die Spielgeräte für die Kinder aufzupolieren, dann kümmern Sie sich um ungiftige Farben und Beizen. Schaukeln, Rutschen und Sandkästen, deren Bauholz mit Arsenverbindungen behandelt worden ist, können durch Gegenstände aus fäulnis- und wasserfesten Hölzern, wie Zeder oder Alaska-Kiefer, oder Metallgeräte ersetzt werden.

Kapitel 10

Gaiamantie für Hof und Garten

> Euer Haus ist euer erweiterter, irdischer Leib. Es wächst in der Sonne und schläft in der Stille der Nacht, und ist nicht ohne Träume.
>
> *Kahlil Gibran, Der Prophet*

Ihr Hof und Ihr Garten bilden die »äußeren Zimmer« Ihres Wohn- oder Arbeitsbereiches. Als solche beeinflussen sie den Energiefluß in und um das Gebäude sehr stark. Sie können Ihren Hof oder Garten im Hinblick auf die umgebende Landschaft so arrangieren, daß alle äußeren Probleme korrigiert werden, oder falls keine solchen Probleme erkennbar sind, daß Sie den typischen Kräften der verschiedenen Bereiche Achtung erweisen. Zusätzlich zur Anwendung der überlieferten Lösungen, die hier und in den vorhergehenden Kapiteln vorgeschlagen wurden, sollten Sie beim Schaffen Ihres eigenen Harmoniekreises auf Ihrem Land, Ihrem Garten, Balkon oder auf Ihrer Terrasse auch auf Ihren eigenen Geschmack achten, auf Ihre geografische Lage und Ihre Kultur.

Um die Topografie eines Hofes oder Gartens zu bewerten, beziehen wir uns auf die Abbildung 10-1, die eine Hofanlage aus dem Nordwesten zeigt mit der darüber gelegten Struktur eines indianischen Medizinrades, welches den Süden mit dem Hauseingang verbindet. Falls Sie das Bagua oder das keltische Rad als Struktur bevorzugen oder Ihren Hofplan mit dem wirklichen Norden und Süden in Übereinstimmung bringen wollen, können Sie das gern tun. Beginnen Sie aber in jedem Falle die Beurteilung damit, nach innen auf die Lebenskraft des Landes zu horchen. Kommen Sie dann zu Lösungen für die Problemzonen, indem Sie partnerschaftlich mit den Naturgeistern und anderen Bewohnern des Platzes zusammenarbeiten.

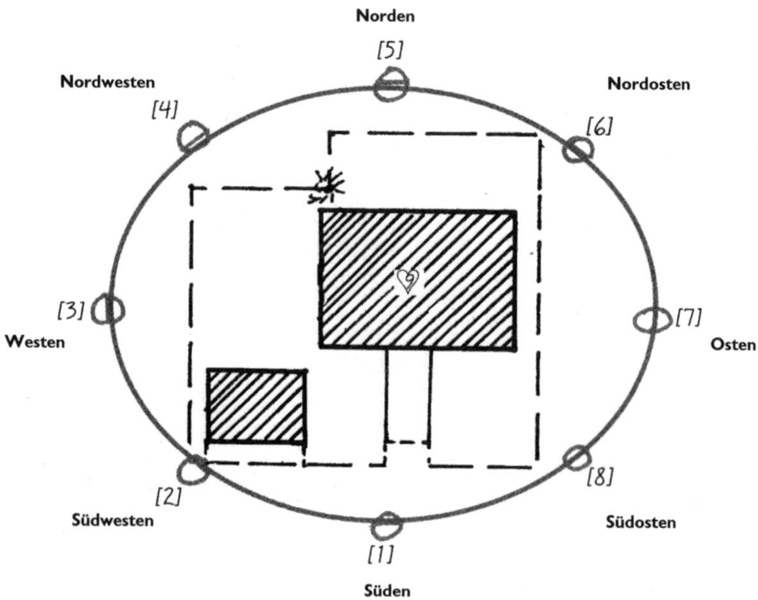

Abb. 10-1: Hofplan mit übergelegtem Medizinrad.

Haus und Garage in Abbildung 10-1 sind extrem linear. Um diese Formgebung weicher wirken zu lassen, habe ich einen gewundenen Pfad vorgeschlagen, gerundete Blumenbeete und kuppelförmige Pflanzbereiche. Wenn die linearen Formen auf diese Weise ausgeglichen werden, erweckt man sofort ein Gefühl der Synergie und Freundlichkeit.

[1] Süden: Sommer, Feuer

Als der im Licht liegende Bereich ist der Süden oft sehr geeignet für Obstbäume oder sogar einen Küchengarten, der die Fülle des Lebens hervorhebt. Seien Sie im Süden kreativ, denn Kreativität ist die Seele der Fruchtbarkeit. Achten Sie auch darauf, alle wuchernde Vegetation, die den Weg und andere Energieströme zum Eingang hin behindern könnte, zurück zu stutzen oder zu jäten.

Da der Eingangsbereich dieses Hauses frei von Bepflanzung war, schlug ich ein Spalier mit Kletterpflanzen wie der Glyzinie *(Wisteria sinensis)* und Geißblatt *(Lonicera spec.)* vor, um ein Gefühl der Geborgenheit zu geben. Eine Grenze zwischen dem öffentlichen und dem privaten Bereich setzt einen Akzent auf den Übergang zwischen der sozialen und der persönlichen Sphäre, was für Menschen auf dem Kriegerpfad eine wichtige vorbereitende Aufgabe ist.

[2] Südwesten: Herbstäquinox (21. September)

Hier bewegt sich das Rad in den Bereich des persönlichen Wachstums und der Pläne. Gestalten Sie Ihr Wachstum in diesem Abschnitt, indem Sie auf Pfosten oder an die Gartenwände

Symbole malen. Da Farben und andere draußen verwendete Lacke ins Grundwasser sickern und Pflanzen und Tiere beeinträchtigen können, sollten Sie Sorten mit der geringst möglichen Giftigkeit wählen.

Da sich die Garage im Südwesten befindet, fordert dieser Hof beidseits der Garage und entlang der Einfahrt Pflanzen. Ich riet zu niedrigen Pflanzen, die den Blick auf das Haus frei lassen.

[3] Westen: Herbst, Wasser

Erwägen Sie für diesen Ort der Emotionen einen Teich, ein Vogelbad oder einen Springbrunnen. Widmen Sie hier besonders den Tieren große Aufmerksamkeit, die Teil Ihrer Familie oder Gemeinschaft sind. Tiere, die zum westlichen Abschnitt des Medizinrades gehören, sind Wale, Delphine, Meeresschildkröten und Bären.

Da dieses Haus auf der Nordhalbkugel liegt, wo die Nachmittagssonne sehr intensiv ist, empfahl ich, diesen Bereich mit Pflanzen zu versehen, die im Licht gedeihen. Und ich riet zu Laubgehölzen, die im Sommer Schutz bieten und im Winter Licht einfallen lassen.

[4] Nordwesten: Wintersonnenwende (21. Dezember)

Dies ist der Ort, sich in die Stille und in das Lauschen zu begeben. Überlegen Sie sich, an diesem Ort eine Bank aufzustellen oder einen Steinsitz oder eine Hängematte aufzuhängen, um die Innenschau zu fördern.

Haben Sie den Leerraum in diesem Bereich auf Abbildung 10-1 bemerkt? Ich schlug vor, Pflanzen oder Plastiken dorthin zu stellen, um das fehlende Stück Land wieder in den Kreis einzuladen. Außerdem regte ich an, daß dic Bewohner eine Begrüßungszeremonie durchführten, indem sie sich in den Nordwesten stellten, ihre Arme weit öffneten und mit Hilfe ihrer Geistführer und der Naturgeister das fehlende Stück riefen, wieder heimzukehren und die Energie ganz werden zu lassen.

Hätte diese Leerstelle sich im Haus wiederholt, hätte es eines starken Willens bedurft, sie zu korrigieren. Wenn der Abschnitt der Innenschau und der nährenden Dunkelheit so chronisch aus dem Gleichgewicht wäre, dann hätten die Bewohner bewußt darum ringen müssen, diese Kräfte in ihr Leben zu integrieren. Eine solche Leere kann nämlich zu Depressionen, Krankheiten oder ernsten Familienkrisen führen, wenn man sich nicht darum kümmert.

Wenn Ihr Garten oder Hof in diesem Abschnitt eine Leere zeigt, dann besteht eine Lösung darin, dort einen Baum oder kräftigen Strauch an die Innenseite zu pflanzen. Sie können auch eine Statue der Kwan Yin hier hinstellen, um warme, weibliche Nahrung zu bringen. Oder Sie entlehnen der indianischen Überlieferung einen festen runden Stein von dunkelroter, dunkelgrauer oder schwarzer Farbe, den Sie an diese Stelle legen. Wenn Sie sich einem solchen Stein annähern, dann fragen Sie ihn, ob er bereit ist, diesen Platz einzunehmen. Sie werden als Antwort ein Ja oder Nein erhalten. Eine vierte Lösung könnte sein, den Leerraum mit einem weiß (repräsentiert den Norden) und schwarz (repräsentiert den Westen) bemalten Gebetsstab zu füllen. Es ist in solchen Fällen sinnvoll, den Stab so aufzustellen, daß seine Länge hoch über den Boden ragt.

[5] Norden: Winter, Erde

Oft ist der Norden die ideale Stelle für immergrüne Gewächse. Wenn Sie in einer warmen, trockenen Gegend leben, dann kommen Kiefern und Wacholder in Frage, die das ganze Jahr hindurch für grüne Energie sorgen und sich bei verschiedener Sonnenintensität gut machen. Da der Norden der Ort der Ältesten ist, passen hier auch Steine, die die Vorfahren repräsentieren. Alte Weisheiten überall von unserem Planeten können hier ihren Platz finden und einen Bereich zum Sitzen und zum Rückzug festlegen.

Für den Hof dieses Hauses empfahl ich Fichten, um die Kraft des Nordens süß und stark zu binden. Da Fichten auch den Vögeln und Eichhörnchen Schutz und Nahrung gewähren, begrüßten die Hausbewohner diese Idee als ein Zeichen »guter Nachbarschaft« gegenüber ihren tierischen Freunden.

[6] Nordosten: Frühlingsäquinox (21. März)

Dieser Ort des Stillstandes und der Bewegung in ein volleres Wachstum ruft nach einer Feier der Befreiung vom Griff des Winters in Gestalt von knospenden Bäumen, aus dem Winterschlaf erwachenden Tieren, dem Lied der Frösche und der Rückkehr der Zugvögel. Hierher passen Vogelfutterstellen, wie auch Zwiebelgewächse – Narzissen, Tulpen, Krokus, Maiglöckchen – oder falls Sie in einem Wüstenklima leben, apache plume *(Fallugia paradoxa)*, Purpurastern oder Yuccas.

Für den entsprechenden, in Abbildung 10-1 gezeigten Teil des Hofes riet ich zu einer Laube aus Blütenpflanzen, die auch an kühlen, schattigen Stellen wachsen können. Blühende Ranken sind für diesen Ort des Erwachens ideal.

[7] Osten: Frühling, Luft

Der Osten symbolisiert den zunehmenden Mond, der sich zum Vollmond entwickelt, und die Sehnsucht nach Tätigkeit. In warmen Klimaten ist es ein Ort des Säens, der geeignet ist für Beeren wie auch für Frühblüher, Büsche und Bäume. In kühleren Klimaten ist der Osten ein ausgezeichneter Abschnitt für Gartenskulpturen. Beide Gestaltungselemente können Inspiration für den Pfad der Visionen geben.

Dieses Grundstück läßt wenig Raum für eine Förderung des Ostens, da das Haus sich hier zu nah an der Grenze befindet. Ich empfahl hier luftige Pflanzen wie belaubte Büsche, um die Grenze zu kennzeichnen.

[8] Südosten: Sommersonnenwende (21. Juni)

Dies ist ein ausgezeichneter Ort für einen Schmetterlingsgarten, der aus leuchtend gefärbten Blumen und Pflanzen besteht. Ein- und mehrjährige, vor Energie berstende Blütenpflanzen helfen die Übergangszeit der Sommersonnenwende, wo die Sonne in ihrer Fülle ist, zu feiern. Wenn Sie gern zum Vollmond tanzen, dann sollten Sie in der Südostecke einen Platz lassen, um für »die volle Sonne« zu tanzen, für das Leben in der Natur und die langen Tage dieser Jahreszeit. Das wäre auch ein guter Ort für eine Sonnenuhr.

Um an dieser Stelle den Hof von der Straße zu trennen, schlug ich eine Vogelhecke mit eßbaren Beeren vor. Außerdem riet ich zur Plazierung des Komposthaufens in diesem Abschnitt, fern von der Eingangstür und mit leichtem Zugang zum übrigen Garten. Kompost schafft aus Abfall Reichtum und steht für den Prozeß, dem man sich unterzieht, wenn man sich auf dem Medizinrad der Erntezeit und der Fülle nähert.

[9] Mitte: Herz

Die Mitte, oder das Herz, ist der Ort, der durch Stabilität am besten geachtet wird. Liegt das Herz Ihres Gartens mitten in Blumenbeeten oder in einer Buschreihe, dann wird das Land es Ihnen danken. Wenn statt dessen Ihr Haus oder Büro einen Teil der Herzkraft hält, anerkennen Sie es mit der Süße von wilden oder kultivierten Rosen oder sonstigen, Ihnen genehmen Blütenpflanzen.

Das Herz auf dem von uns betrachteten Stück Land wird von der Einfahrt und dem Haus eingenommen. Die Einfahrt läßt allerdings zu viel Zirkulation der Energie zu und bedarf der Erdung. Um hier den Kraftstrom zu erden, empfahl ich, den Gehweg in Biegungen zu legen und starke, gedrungene Pflanzen zwischen Steine an den Seiten und vor dem Haus zu setzen.

Im Hof oder Garten wie auch im Haus, hat die Mitte eine ganz besondere Bedeutung. Sie bezeichnet den Ort, wo alle Unternehmungen, Bedürfnisse und Impulse sich sammeln, um den Weg des Geistes zu beschreiten.

Aussprache der keltischen Begriffe

Ailim	äi-l'ihm
Beach	bie-ach
Beith	biet
Beltaine	bel-tien
Bradan	bre-i-täin
Bran	broun
Brighid	brie-gid oder briet
Cernunnos	ker-nu-nos
Ceridwen	ker-rid-uen
Coll	koll
Dagda	doi-da
Dobhran	do-rän
Each	ech
Eilid	ield
Faland	fäi-lnn
Falias	fäi-las
Fearn	färn
Finias	fie-näs
Gearr	gai-arr
Gorias	gär-as
Imbolc	im-balk
Lug	luh
Lugnasadh	luh-nas-ah
Luis	luh-ies
Murias	mjuri-äs
Ogham	ou-uäm
Quert	quert
Roen	rou-än
Ruis	ruhs
Saille	soul
Samhain	sa-uäim
Sidhe	schie
Taliesin	tali-es-in
Tuatha de Danann	tuh-tha dei do-nän
Tuigen	tuh-gien

Die chinesischen Begriffe werden etwa so gesprochen, wie es der deutschen Umschrift entspricht.

Glossar

Absicht/Wille: Kraft des menschlichen Geistes, sich zu sammeln und Energie zu projizieren

Ali'i: Adelige der hawaiianischen Berge

Ätherkörper: eine Energiehülle, die den physischen Körper aller beseelten und unbeseelten Wesen überlagert und durchdringt. In der chinesischen Medizin nennt man ihn Ch'i.

Bagua: Wahrsageinstrument des I Ching auf der Grundlage eines Schildkrötenpanzers

Ch'i: chinesisches Wort für den kosmischen Atem oder den universellen Lebensfluß.

elektromagnetische Felder: ein Bereich, der durch elektrische Ströme gekennzeichnet ist, die über oder unter der Erdoberfläche fließen oder im Inneren eines Gebäudes

Environmental Illness (EI), umweltbedingte Krankheit: eine moderne Diagnose für eine Vielzahl von Symptomen, die aus anhaltender Giftbelastung entsteht, auch bekannt als multiple Überempfindlichkeit auf Chemikalien

extrem langwellige Strahlung: ein Maß für elektromagnetische Strahlung, die von Geräten ausgestrahlt wird, welche ein Magnetfeld erzeugen, das für die körperliche, geistige und emotionale Gesundheit schädlich ist

Falias: nördliche der vier Städte der Tuatha de Danann, mit der Gabe eines Steines

Feng Shui: chinesische Kunst der Ortswahl und -gestaltung

Fey: schottisches Wort für ein natürliches Eingestimmtsein, heute ein umgangssprachlicher Begriff für seltsam

Finias: südliche der vier Städte der Tuatha de Danann, mit der Gabe eines Schwertes

Gaia: Erdgöttin, aus dem Chaos geboren, die ohne Gemahl den Himmel, die Berge und das Meer gebar; der lebendige und atmende Leib des Planeten Erde

Gaiamantie: eine Zusammenstellung geistiger und geomantischer Praktiken aus aller Welt, um die Gesundheit und das Wohlbefinden des Menschen und der Umwelt zu fördern

Gauß-Meter: Gerät zur Messung von elektromagnetischen Feldstärken

Geomantie: früher Wahrsagekunst auf Grund von Erscheinungen auf der Erde; später von Nigel Pennick als Bezeichnung für die Wissenschaft eingeführt, die alle Eingriffe des Menschen auf die Erde auf der Grundlage eines Gespürs für die Erde und ihre feinstofflichen Kräfte vornimmt

Gestaltwandlung: die Möglichkeit, mittels Magie beseelte oder unbeseelte Formen anderer Wesen anzunehmen

Gorias: östliche der vier Städte der Tuatha de Danann, mit der Gabe eines Speeres

Kelten: ein altes europäisches Volk, das vor Jahrhunderten zu den Britischen Inseln auswanderte. Einige Historiker halten sie für Überlebende von Atlantis.

Kessel: ein von den frühen Kelten zum Kochen und Wahrsagen benutzter großer Topf aus getriebenem Eisen

Konji: Zeichen in der chinesischen, japanischen und koreanischen Schrift

Kwan Yin: chinesische Göttin des unendlichen Mitgefühls

Labyrinth: oft in Spiralform auf die Erde gezeichnetes Muster, das eine geistige »Reise« zur göttlichen Quelle symbolisiert

Ley-Linien: natürlich auftretende Energiepfade, die sich über oder unter der Erdoberfläche finden und die in alten Zeiten oftmals angezapft wurden. Davon verbliebene Teile sind als heilige Plätze identifiziert worden.
Lo pan: kreisförmiger chinesischer Geomantenkompaß, der verwendet wird, um die richtige Lage für gewöhnliche Gebäude, Tempel und Grabstätten festzulegen.
Lung mei: »Drachenadern« oder Kraftströme, die über und unter der Erdoberfläche verlaufen
Medizinrad: ein heiliges Symbol des universellen Lebensrades, auf dem viele indianische Völker »gegangen« sind
Murias: westliche der vier Städte der Tuathe DÈ Danann, mit der Gabe eines Kessels
Ogham: ein binäres Liniensystem, welches das alte keltische Alphabet bildet
Qi Gong: eine chinesische Übung, die Disziplin, Konzentration, und Verbindung mit dem Ch'i lehrt
Rutengehen: eine Wahrsagemethode, für die ursprünglich ein gegabelter Zweig verwendet wurde, oft um Wasser oder Minerale zu finden
Silberzweig: gewöhnlich ein Birkenzweig, dem von der keltischen Überlieferung besondere Kräfte und Vorrechte gegenüber den anderen Seinsbereichen zugeschrieben worden sind und der meistens Zauberern und Schamanen verliehen wird
Tai Ch'i : ein chinesisches System langsamer Bewegungen, die entworfen wurden, um Disziplin, Konzentration, und Verbindung mit dem Ch'i zu lehren
Tao: das leitende Prinzip hinter aller Wirklichkeit, wie es im sechsten Jahrhundert von Lao Tse verstanden worden ist

Totem: ein Wesen, oft ein Tiergeist, welches einem Individuum, einer Familie oder eine Stamm als Wohltäter dient
Tuatha de Danann: eine alte Rasse, die einst die Britischen Inseln bewohnte, Kinder der Göttin Danu
Vastu shastra: vedisches Feng Shui mit Ursprung in Indien

Weiterführende Literatur und Bezugsquellen

Literatur

Chinesische Tradition

Collins, Terah Kathryn: *Feng Shui im Westen*, München, Goldmann 1998

Palmer, Martin, und Jay Ramsay: *I CHING: The Shamanic Oracle of Change*. Trans by Zhao Xiaomin, San Francisco, Thorsons 1995

Rossbach, Sarah: Diverse Titel sind auf deutsch verfügbar.

Walters, Derek: *Feng Shui - Kunst und Praxis der chinesischen Geomantie*, Wettswil, Edition Astrodata 1996

Indianische Tradition

Arrien, Angeles: *Der vierfache Weg*, Freiburg, Bauer

Bruchac, Joseph, und Jonathan London. *Thirteen Moons on a Turtle's Back*. Illus. by Thomas Locker. New York, Harper Collins 1995

Mails, Thomas E.: *Das Leben des Fools Crow*, Frankfurt, S. Fischer

Mails, Thomas E.: *Das geheime Wissen der Schamanen - Fools Crow*, Frankfurt, Krüger 1999

Wabun, Sun Bear und Chrysalis Mulligan: *Das Medizinrad Praxisbuch*, München, Goldmann, 1997

Keltische Tradition
Carr-Gomm, Philip & Stephanie: *Das keltische Tierorakel*, Braunschweig, Aurum 1997
Conway, D. J.: *By Oak, Ash & Thorn*, St. Paul, Llewellyn 1996
Hageneder, Fred: *Geist der Bäume*, Saarbrücken, Neue Erde 1999

Bezugsquellen

finden Sie im *ECO Address – Das Alternative Branchenbuch*, ALTOP-Verlag, u. a. unter Feng Shui und Baubiologie
und unter www.eco-world.de
oder www.feng-shui.de

Um Geomantie zu verstehen, muß man sich auf das Unsichtbare einlassen, eine ganzheitliche Wahrnehmung entwickeln. Das ist das Entscheidende, ein Buch kann nur ein Tor aufstoßen, einen Einstieg vermitteln. Dies tut die Autorin in diesem Buch auf überzeugende Weise. Zuerst erklärt sie die Grundlagen der Geomantie, die auf einem traditionellen Wissenschaftsbild beruhen. Traditionelle Wissenschaft ist nicht Fach-Wissenschaft, sondern bemüht sich ständig um die Einordnung der spezifischen Erkenntnisse in den größeren Zusammenhang.

Ohne ein Verständnis dieser Grundlagen – alles ist Schwingung, die Erde ist ein Lebewesen, es gibt unsichtbare feinstoffliche Dimensionen – ist Geomantie nicht möglich, bedeutet doch schon das Wort: »die Erde erspüren«.

Dann setzt sich Petra Gehringer mit dem heutigen wissenschaftlichen Weltbild auseinander und mit der Frage, warum die moderne Wissenschaft – trotz des immensen Faktenwissens – außerstande ist, die heutigen ökologischen Probleme zu lösen: Die heute betriebene ökologische Wissenschaft kuriert nur an Symptomen herum (so wie die Schulmedizin), weil Geist und Seele für sie nicht existieren.

Der Hauptteil des Buches besteht aus praktischen Anregungen zur Heilung der Erde durch Geomantie. Systematisch nimmt sich die Autorin die verschiedenen Ökosysteme vor, beschreibt die tieferen Ursachen der Krankheit von Wald, Boden, Gewässern und Stadtlandschaften und zeigt Wege der Heilung auf.

Petra Gehringer
GEOMANTIE – Wege zur Ganzheit von Mensch und Erde
Pb., 400 Seiten, viele teils farbige Abbildungen, 14,8 x 21 cm
ISBN 3-89060-418-8

Geomantie ist das Wissen um die subtilen Kräfte der Erde und ihre Berücksichtigung und Anwendung beim Bauen. Das Handbuch der angewandten Geomantie ist das erste seiner Art.

Der Neubegründer der Geomantie, Nigel Pennick, hat in einer Reihe von gestrafften Kapiteln das Wissen gebündelt, das uns als Grundlage für den Einstieg in die geomantische Praxis heute dienen kann.

Nigel Pennick
Handbuch der angewandten Geomantie
112 Seiten, Paperback,
ISBN 3-89060-004-2